MÚSICA BRASILEIRA PARA VIOLONCELO E VIOLÃO
NA ESQUINA DO ERUDITO COM O POPULAR

(BRAZILIAN MUSIC FOR CELLO AND GUITAR
ON THE CORNER OF THE CLASSICAL
AND THE POPULAR)

GUSTAVO TAVARES & NELSON FARIA

Nº Cat.: 328-A

Irmãos Vitale S.A. Indústria e Comércio
www.vitale.com.br
Rua França Pinto, 42   Vila Mariana   São Paulo   SP
CEP: 04016-000 Tel.: 11 5081-9499 Fax: 11 5574-7388

© Copyright 2013 by Irmãos Vitale S.A. Ind. e Com. - São Paulo - Brasil
Todos os direitos autorais reservados para todos os países. *All rights reserved.*

Capa e Diagramação / *Cover and layout*:
Eduardo Wahrhaftig

Revisão de textos / *Proofreading*:
Marcos Roque

Ilustração / *Illustration*:
Tiago Sjøblom Tavares

Fotografias / *Photographs:*
Nelson Faria Filho & Tiago Sjøblom Tavares

Coordenação Editorial / *Editorial coordination*:
Roberto Votta

Produção Executiva / *Executive production*:
Fernando Vitale

CIP-BRASIL. CATALOGAÇÃO NA FONTE
SINDICATO NACIONAL DOS EDITORES DE LIVROS - RJ.

T23m

Tavares, Gustavo
    Música brasileira para violoncelo e violão : na esquina do erudito com o popular / Gustavo Tavares , Nelson Jairo Sanches Faria= Brazilian music for cello and guittar : on the corner of the classic and the popular / Gustavo Tavares , Nelson Jairo Sanches Faria. - 1. ed. - Rio de Janeiro : Irmãos Vitale, 2013.
    160 p. : il. ; 28 cm.

Inclui índice
Texto em português com tradução paralela em inglês
Acompanhado de CD
ISBN 978-85-7407-415-3

1. Música - Instrução e ensino. 2. Violoncelo - Instrução e ensino. 3. Violão - Instrução e ensino. 4. Partituras. I. Faria, Nelson Jairo Sanches, 1963-. II. Título.

13-05056   CDD: 787.4
CDU: 780.614.334

10/09/2013   12/09/2013

AGRADECIMENTOS / *MANY THANKS TO*

Bia Paes Leme, Instituto Moreira Salles, Fernando Vitale e todo staff da editora Vitale, Magnus Sjöquist, Carlos Fuchs, Cliff Korman, Rodolfo Cardoso, Museu Villa-Lobos, Marcelo Rodolfo, Örebro Universitet Musikhögskolan, Andréa, Hege, Nelsinho, Tiago, Pedro, João, Carlos, Juliana.

DEDICADO A • *DEDICATED TO*
Hege & Andréa

PREFÁCIO

Na esquina do erudito com o popular

A história da música do século XX é plena de explorações e considerações do potencial que existe na combinação entre as músicas erudita e popular. Compositores e instrumentistas utilizaram técnicas e ferramentas de *performance* e composição, sejam nas obras para piano ou violão solo, música de câmara ou orquestral, buscando frequentemente maneiras de inserir o balanço do popular nas formas e estruturas da música erudita ou aplicando tais estruturas e formas no balanço da música popular.

Penso nos tangos brasileiros e valsas de Ernesto Nazareth; em "3 Preludes" e na "Rhapsody in Blue", de George Gershwin; na suíte "Retratos", de Radamés Gnattali; na "Rapsódia negra", de Ernesto Lecuona; no "Ebony Concerto" para clarineta e *jazz band*, de Igor Stravinsky; e na "Sinfonia da alvorada", de Antônio Carlos Jobim; entre outros.

Essas obras foram, frequentemente, acompanhadas por crítica e por debate. Houve polêmicas sobre a legitimidade, a autenticidade, a superficialidade, a possibilidade (ou melhor, a impossibilidade) para o sucesso desse tipo de hibridismo. Para nossa sorte, os compositores continuaram a compor e os músicos continuaram a buscar caminhos.

O processo de capacitação do músico inclui muito estudo objetivando adquirir e aperfeiçoar a técnica para entender os elementos de um determinado gênero e – talvez mais complicado devido à natureza efêmera e imensurável da música – para conseguir realizar o "balanço" característico da linguagem da música popular.

Para nosso benefício, músicos e autores decidiram lançar um trabalho que considera essas questões. Pensaram muito, gravaram, analisaram e colocaram neste livro um ensaio sobre o assunto e um caminho para se criar métodos feitos para resolver problemas essenciais da prática de *performance*.

Um encontro nessa esquina que junta os dois conceitos. Que não é só um encontro, mas também uma conversa, uma busca de "terra comum", uma parceria, um trabalho feito em conjunto.

Uma homenagem, sem dúvida, aos maestros e um passo à frente na aventura de brincar com a música e, finalmente, deixar para trás qualquer conceito de barreiras entre as múltiplas maneiras que o ser humano tem para organizar e expressar o som.

Prof. Dr. Cliff Korman, UFMG-Estudos em Música Popular
Pianista, Compositor

PREFACE

On the Corner of the Classical and the Popular

The history of twentieth century music is full of explorations of the potential in combining the "classical" and the "popular". In search of ways to insert the swing of popular into the forms and structures of classical music, or inversely, to apply such structures and forms to the swing of popular music, composers and instrumentalists applied and developed techniques of performance and composition in works for solo piano or guitar, for chamber ensembles and orchestras.

I think of Ernesto Nazareth's Brazilian tangos and waltzes, George Gershwin's Three Preludes and Rhapsody in Blue, Radames Gnatalli's Suite Retratos, Ernesto Lecuona's Rapsódia Negra, Igor Stravinsky's Ebony Concerto for Solo Clarinet and Jazz Band, and Antonio Carlos Jobim's Sinfonia da Alvorada, among others.

Often these works were accompanied by criticism and debate; controversy arose over issues of legitimacy, authenticity, superficiality, and the possibility (or impossibility) for these experiments with hybridity to succeed. Nonetheless, composers continued to compose, and performers continued to seek effective solutions and pathways.

A musicians' training process includes a great deal of study designed to acquire and perfect the techniques necessary to understand the elements of genre and style, and---perhaps more complicated due to its unmeasurable and ephemeral nature -for realizing the "swing" characteristic to the language and idioms of popular music.

To our benefit, these two musicians and authors developed and published a work that considers these issues. They thought a great deal, created and analyzed written and recorded examples, and in this book propose methods designed to solve essential problems of performance practice.

An encounter, then, on this corner, that joins the two approaches. Not just an encounter, but also a conversation, a search for common ground, and a project realized in partnership.

Certainly, this is a tribute to the masters, undoubtedly a step forward in the adventure of musicking, and a way to finally leave behind any vestige of barriers between the multiple ways that humans have to organize and express sound.

Prof. Dr. Cliff Korman, UFMG-Estudos em Música Popular
Pianist, composer

NELSON FARIA – Considerado um dos mais importantes músicos brasileiros, Nelson Faria agrega em seu currículo a edição de seis livros didáticos, sendo dois editados nos EUA, Japão e Itália; a gravação de 11 CDs, um DVD e uma videoaula, além de ter participado como guitarrista, violonista, arranjador e produtor em mais de uma centena de CDs com diversos artistas brasileiros e internacionais.

Assina o modelo de guitarra Nelson Faria Signature (JNF-1), desenvolvido pelo artista em parceria com a renomada fábrica de instrumentos Condor.

Iniciou os estudos em Brasília, com Sidney Barros (Gamela) e, em 1983, mudou-se para Los Angeles, EUA, onde cursou o Guitar Institute of Technology (GIT) e teve o privilégio de aprender com os mestres Joe Pass, Joe Diorio, Frank Gambale, Scott Henderson, Howard Roberts, Ron Eschete e Ted Greene. Foi agraciado, em 2001, com a Bolsa Virtuose, do Ministério da Cultura, voltando aos EUA para estudar arranjo e orquestração com Manny Albam, Michael Abene e Jim McNeely.

Entre os artistas com quem Nelson Faria trabalhou, nos palcos ou em estúdios, destacam-se João Bosco, Cássia Eller, Gonzalo Rubalcaba, Till Broenner, Zélia Duncan, Ana Carolina, Milton Nascimento, Leila Pinheiro, Gilson Peranzzetta, Paulo Moura, Wagner Tiso, entre outros, acumulando apresentações em todo o Brasil e em mais de 35 países. Apresentou-se nos mais importantes festivais internacionais de jazz, como North Sea Jazz Festival (Holanda), Montreal International Jazz Festival (Canadá), Montreux Jazz Festival (Suíça), San Francisco Jazz Festival (EUA), Miami Festival (EUA), Jazz à Vienne (França), Marcelle Jazz Festival (França), Tel Aviv Jazz Festival (Israel), Jazz Fest Sarajevo (Bósnia), Free Jazz Festival (Brasil), Kaunas Jazz (Lituânia), Skopje Jazz Festival (Macedônia), Malta Jazz Festival (Malta), Funchal Jazz Festival (Madeira), Frascati Jazz Festival (Itália), Java Jazz Festival (Jacarta), Penang Jazz Festival (Malásia), entre outros.

Ministrou inúmeros cursos e workshops em todo o país e em renomadas instituições universitárias dos EUA e da Europa, como Manhattan School of Music, Berklee College of Music, Codarts, Conservatorium van Amsterdam, entre outras. Foi convidado, em 2010, para lecionar guitarra na Universidade de Örebro (Suécia), onde também é coordenador do Curso de Música Brasileira.

CDs e DVD gravados: *Ioiô* (Perfil Musical, 1993) – CD; *Nelson Faria* (Independente, 2003) – CD; *Beatles, um tributo brasileiro* (Solo Music, 1998), com o pianista José Namen – CD; *Janelas Abertas* (Lumiar Discos, 1999), em duo com a cantora Carol Saboya – CD; *Três/Three* (Independente, 2000), em trio com Nico Assumpção e Lincoln Cheib – CD; *Vento bravo* (Delira Música, 2005), em trio com Kiko Freitas e Ney Conceição – CD; *Nosso trio ao vivo* (Delira Música, 2006), em trio com Kiko Freitas e Ney Conceição – DVD; *Buxixo* (Delira Música, 2009), em duo com o pianista Gilson Peranzzetta – CD; *Live in Frankfurt* (Independente, 2011), com a Frankfurt Radio Bigband – CD; *Na esquina de mestre Mignone* (TF Music, 2012), em duo com Gustavo Tavares – CD; *Céu e mar* (Far Out Records, 2012 / Biscoito Fino, 2013), em duo com Leila Pinheiro – CD.

Livros editados: *A arte da improvisação* (Lumiar Editora, 1991); *The Brazilian Guitar Book* (Sher Music Co., 1996 / Arikita Music / Irmãos Vitale, 2013); *Acordes, arpejos e escalas para violão e guitarra* (Lumiar Editora, 1999 / Irmãos Vitale); *Inside the Brazilian Rhythm Section,* com Cliff Korman (Sher Music Co., 2001 / ATN Japan); *Toque junto bossa nova* (Lumiar Editora, 2008); *Harmonia aplicada ao violão e à guitarra* (Irmãos Vitale, 2009).

NELSON FARIA - *Considered one of the most important Brazilian musicians, Nelson Faria appears in over a 100 Cds of Brazilian and international artists. He has written 6 (six) music books, 2 (two) published in USA, Japan and Italy and have recorded 11 CDs, 1 DVD and 1 (one) instructional video.*

The signature guitar model "Nelson Faria Signature (JNF-1)" it was developed by the artist in collaboration with the renowned Brazilian instruments factory "Condor".

He began his guitar studies in Brasilia with Sidney Barros (Gamela) and, in 1983, he moved to Los Angeles, United States, where he attended the G.I.T (Guitar Institute of Technology) and has had the privilege to learn from the masters Joe Pass, Joe Diorio, Frank Gambale, Scott Henderson, Howard Roberts, Ron Eschete and Ted Greene.

In 2001 he was awarded the Virtuoso scholarship of the Ministry of culture, returning to the USA to study arrangement and orchestration with Manny Albam, Michael Abene and Jim McNeely.

Nelson Faria has worked, on stage or in studios with artists like João Bosco, Cassia Eller, Gonzalo Rubalcaba, Till Bronner, Zélia Duncan, Ana Carolina, Milton Nascimento, Leila Pinheiro, Gilson Peranzzetta, Paulo Moura, Wagner Tiso, among others, accumulating presentations throughout Brazil and in more than 35 countries.

He has performed at the most important international festivals of Jazz, as North Sea Jazz Festival (Holland), Montreal Jazz Festival (Cannadá), Montreaux Jazz Festival (Switzerland), San Francisco Jazz Festival (USA), Miami (USA), Festival Jazz a Vienne (France), Marcelle Jazz Festival (France), Tel Aviv Jazz Festival (Israel), Sarajevo Jazz Festival (Bosnia), Free Jazz Festival (Brazil), Kaunas Jazz Festival (Lithuania), Skope Jazz Festival (Macedonia), Malta Jazz Festival (Malta), Funchal (Madeira) Jazz festival, Jazz Festival Frascatti (Italy), Java Jazz Festival, Pennang Jazz Festival among others...

Taught numerous courses and workshops across the country and in renowned Universities of the USA and Europe as the Manhattan School of Music, Berklee College of Music, Codarts Conservatorium Amsterdam, among others. Since 2010 he is a professor at the Örebro University(Sweden), where he also is the coordinator for the Brazilian popular music course.

Discography: "Ioiô" (Perfil Musical 1993) – CD; "Nelson Faria" (Independent 2003) - CD; "Beatles, um Tributo Brasileiro" (Solo Music, 1998), with pianist José Namen - CD; "Janelas Abertas" (Lumiar Discos, 1999), in duo with singer Carol Saboya - CD; "Três/Three" (Independent, 2000), in trio with Nico Assumpção and Lincoln Cheib – CD; "Vento Bravo" (Delira Música 2005) in trio with Kiko Freitas and Ney Conceição - CD; "Nosso Trio Ao Vivo" (Delira Música 2006) in trio with Kiko Freitas and Ney Conceição - DVD; "Buxixo" (Delira Música 2009) in duo with pianist Gilson Peranzzetta - CD; "Live in Frankfurt" (Independent 2011) with the Frankfurt Radio Bigband - CD; "Na Esquina de Mestre Mignone" (TF Music 2012) in duo with Gustavo Tavares - CD; "Céu e Mar" (Far out records 2012 / Biscoito Fino 2013) in duo with Leila Pinheiro - CD

Books published: "A Arte da Improvisação" (Lumiar Editora, 1991); "The Brazilian Guitar Book" (Sher Music Co., 1996; Arikita Music, ; Vitale 2013); "Acordes, Arpejos e Escalas para Violão e Guitarra" (Lumiar Editora, 1999 / Vitale); "Inside the Brazilian Rhythm Section" with Cliff Korman (Sher Music Co., 2001; ATN Japan); "Toque Junto Bossa Nova" (Lumiar Editora 2008), "Harmonia Aplicada ao Violão e à Guitarra" (Vitale 2009).

GUSTAVO TAVARES – O violoncelista Gustavo Tavares é doutor em Música e descrito como "um dos mais importantes nomes brasileiros da música erudita contemporânea" (*Correio Braziliense,* 27/3/2005). Músico versátil, ele é conhecido não somente como intérprete, mas também como compositor, arranjador e professor. Apresentou-se por todo o Brasil, bem como EUA, Porto Rico, Noruega, Suécia, Islândia, Dinamarca, Inglaterra, França, Alemanha, Itália, Croácia, Eslovênia, Sérvia, Suíça, Portugal, Espanha, Índia, Sri Lanka e África do Sul. Tocou em espaços famosos de concerto, tais como Kennedy Center, em Washington, DC; Carnegie Hall, em Nova York; salão da Unesco, em Paris; Theatro Municipal do Rio de Janeiro; Centro de Bellas Artes, em San Juan, Porto Rico; Linder Auditorium, de Joanesburgo; Sala Puccini, em Milão; Teatro Palladium, em Roma; e Duke's Hall da Royal Academy of Music, em Londres. Participou de programas para rádio e televisão transmitidos pela American National Public Radio, pela WQXR de Nova York, pela Rádio do Ministério da Cultura (Rádio MEC), pela Rádio Nacional da Eslovênia, pela Rede de Televisão da Croácia e pela RAI italiana.

Considerado um especialista em música latino-americana, criou em 1995, juntamente com o clarinetista Paquito D'Rivera e o pianista Pablo Zinger, o grupo Triangulo, que, de acordo com o crítico americano C. Berg, ajudou a "redefinir os pressupostos básicos da música de câmara". Apresentou com esse conjunto, em muitos países, um repertório diversificado de música latino-americana. O grupo gravou inúmeros CDs. Um deles indicado para o Grammy, em 2001, e outro listado como "um dos discos do ano" pelo jornal *O Estado de S.Paulo*.

Foi aluno de Antonio Janigro na Musikhochschule de Stuttgart, Alemanha, onde obteve grau máximo em 1986. Em seguida, como doutorando, foi assistente de Bernard Greenhouse, na Rutgers University, EUA. Ainda na Rutgers University, Gustavo Tavares foi, por muitos anos, "Artist in Residence" no Centro Latino de Artes e Cultura. Trabalhou também em composição e análise com os mestres Erhard Karkoschka, Helmut Lachenmann, Aurelio de la Vega, Noel da Costa e com seu tio, Mario Tavares. Suas composições e arranjos foram executados e gravados por artistas como Yo-Yo Ma, Venice Cello Ensemble, Quarteto de Cordas Buenos Aires e Quarteto Sebastian.

Como professor, Gustavo Tavares mantém contato com jovens músicos talentosos, não apenas em reconhecidos conservatórios e festivais ao redor do mundo, mas também em bairros menos favorecidos na África, na Ásia e nas Américas. Tem proferido palestras e oferecido *master classes* em várias instituições de ensino superior, como Universidade de Bergen (Noruega), Royal Academy of Music (Londres), Universidade de Witwatersrand (Joanesburgo), Academia de Música de Zagreb (Croácia), California State University (Northridge), Rio International Cello Encounter (Brasil), Festival de Verão Upbeat-Uzmah (Croácia) e Guildhall School of Music (Londres), Harbour Conservatory (Harlem, NY), Melody Project (Soweto, Joanesburgo), rede de escolas públicas em Wauwatosa (Wisconsin, EUA), projetos sociais na Índia e no Sri Lanka. Atuou, em 2004, como membro do júri no reconhecido Concurso Internacional de Violoncelo Antonio Janigro, em Zagreb (Croácia).

Gustavo Tavares também é um dos violoncelo-solistas da Ópera Nacional Norueguesa e reside, atualmente, em Oslo, onde tem realizado inúmeras apresentações com o apoio do Instituto Norueguês de Concertos (Rikskonsertene).

GUSTAVO TAVARES - *Brazilian cellist Gustavo Tavares is Doctor of Musical Arts and has been described as "one of the most important Brazilian names in the classical music of our time" (Correio Braziliense, 3.27.2005). He is a versatile musician and is known not only as performer but also as a composer, arranger and teacher. He has toured throughout his home country as well as in the USA, Puerto Rico, Norway, Sweden, Iceland, Denmark, England, France, Germany, Italy, Croatia, Slovenia, Serbia, Switzerland, Portugal, Spain, India, Sri Lanka, and South Africa, performing at famous concert halls such as the Kennedy Center in Washington DC, the Carnegie Hall in New York, the UNESCO Hall in Paris, the Theatro Municipal in Rio de Janeiro, the Sala Bellas Artes in San Juan, Puerto Rico, the Linder Auditorium of Johannesburg, the Sala Puccini in Milano, the Teatro Palladium of Rome, and the Duke's Hall of the Royal Academy of Music in London. Radio and television appearances include concerts broadcasted by the American National Public Radio, the WQXR of New York, the Radio of the Brazilian Ministery of Culture (Radio MEC), the Slovenjan National Radio, the Croatian Television, and the Italian RAI.*

Gustavo Tavares is considered a specialist on Latin American music, and in 1995, together with clarinetist Paquito d'Rivera and pianist Pablo Zinger, he created the ensemble Triangulo, which according to American critic C.Berg helped «redefine the basic assumptions of chamber music». With this ensemble he has presented a diverse Latin American music repertoire for audiences in many countries, and the ensemble recorded several CDs. One of these was nominated for a Grammy Award in 2001, and yet another was listed as one of the "Records of the Year" by the Brazilian newspaper "O Estado de São Paulo".

He was a student of Professor Antonio Janigro at the Stuttgart Musik Hochschule, in Germany, where he graduated with the highest marks in 1986, and later, while working towards his Doctorate, he was assistant of Professor Bernard Greenhouse at Rutgers University, in the USA. Stil at Rutgers University, he was for several years «Artist in Residence» at the Center for Latino Arts and Culture. He has also worked on composition and analysis with masters such as Erhard Karkoshka, Helmut Lachenman, Aurelio de la Vega, Noel da Costa, as well as his uncle, Mario Tavares, and his compositions and arrangements have been performed and recorded by artists such as YoYo Ma, the Cello Ensemble of Venice, the Buenos Aires String Quartet, and the Sebastian Quartet.

As a teacher, he has been in contact with talented young musicians not just in well established conservatories and festivals of many countries but also in poor neighborhoods of Africa, Asia and the Americas. He has given lectures and master classes at for example the Bergen University, the Royal Academy of Music in London, and the South African Witwatersrand University, the Zagreb Music Academy, the California State University Northridge, the International Cello Encounter in Rio de Janeiro, the Upbeat-Uzmah Summer Festival in Brac, and the Guidhall School of Music in London, as well as at the Harbour Conservatory of Harlem, in New York, the Melody Project of Soweto, in Johannesburg, the Wauwatosa Public School District in Wisconsin and at projects in Goa, India and Sri Lanka. In 2004, he served as a jury member at the prestigious Antonio Janigro International Cello Competition, in Zagreb.

Alongside his own concert schedule, Gustavo Tavares also works as one of the Solo-Cellists of the Norwegian National Opera's Orchestra, and he lives currently in Oslo. In Norway he has also toured extensively under the auspices of the Norwegian Concert Institute (Rikskonsertene).

INTRODUÇÃO

Na "esquina" entre o popular e o erudito, mistura de seresta e música de câmara, este trabalho busca reconhecer um "espaço" musical tipicamente brasileiro que se revela nos contrapontos de Pixinguinha, nas valsas de Francisco Mignone, em melodias de Villa-Lobos e em outras "esquinas" criadas por Cartola, K-Ximbinho, Jacob do Bandolim e Tullio Tavares. Além disso, tentando seguir o exemplo desses músicos que não apenas admiramos, mas que nos servem de referência, também apresentamos algumas composições próprias que nos remetem a essa mesma "esquina brasileira...".

Este trabalho, porém, pretende ser mais do que um simples livro de partituras, por isso, o material é apresentado de várias formas:

- Um CD contendo as gravações de todas as peças do livro.
- Partituras de todas as peças, com transcrições das execuções contidas no CD.
- Partes individuais semelhantes às que nós mesmos utilizamos, em que os arranjos são apresentados como originalmente concebidos e deixam maior liberdade ao intérprete.

Além disso, cada peça é acompanhada de um texto contendo uma pequena introdução, assim como algumas ideias e sugestões para os dois instrumentistas.

A ideia deste trabalho surgiu do fato de muitas pessoas nos procurarem, tanto após concertos e workshops quanto através do nosso site, com perguntas sobre música brasileira em geral e sobre o nosso repertório em particular. Muitos reparam na característica sonora do duo de violoncelo e violão, especialmente porque essa combinação permite que os dois instrumentos se alternem nas funções de solo e acompanhamento. Alguns se inspiram a criar colaborações semelhantes, mas lamentam o fato de existir um repertório relativamente pequeno para essa formação. Outros ainda se surpreendem e se interessam pelo tipo de música que tocamos e nos perguntam como conseguir as partituras. Nossa esperança é que este trabalho possa atender a todos esses interesses e que ele não somente incentive outros duos com o repertório apresentado, mas que ele também contribua de forma mais ampla para o conhecimento e a apreciação da música brasileira.

As várias raízes e as muitas influências da cultura brasileira, aliadas à criatividade e ao talento de tantos indivíduos que marcaram o desenvolvimento da música no Brasil, criaram um universo musical vasto e original. Os muitos gêneros e estilos característicos da música brasileira muitas vezes se influenciam mutuamente, se renovam e, de certa forma, até se confundem. Talvez por isso, a música brasileira às vezes foge e se esquiva das categorizações. Como diferenciar, por exemplo, e como definir, sobretudo, o popular e o erudito na música brasileira? É possível ver as diferenças dos caminhos percorridos pela música popular e pela música erudita no Brasil, mas é justamente nas muitas "esquinas" criadas por esses caminhos que a música brasileira, talvez, se defina plenamente.

Esperamos que este livro dê ideias, contribua ao repertório para duo de violoncelo e violão, desperte a curiosidade sobre as possibilidades sonoras desse tipo de combinação e, sobretudo, inspire também outros músicos a estudar, tocar e desfrutar dessa "esquina" da música brasileira.

INTRODUCTION

At the "corner" between popular and classical, in a mixture of street serenade and chamber music, this book tries to recognize a typical Brazilian musical "space" which reveals itself in the counterpoints of Pixinguinha, in the waltzes of Francisco Mignone, in the melodies of Villa-Lobos, and in further "corners" created by Cartola, K-Ximbinho, Jacob do Bandolim and Tullio Tavares. At the same time, trying to follow the example of those musicians whom we don't simply admire but who also serve as reference for our work, we also present here some of our own compositions which leads us to this "Brazilian streetcorner"...

However, this work pretends to be more than simply a book of sheet music, and the material is therefore presented here in various ways:

- A CD containing the recordings of all pieces in the book.
- Scores of all pieces, with transcriptions of our performances on the CD.
- Individual parts similar to those we use ourselves, where the arrangements are presented as originally conceived and leave a greater freedom to the interpreter.

In addition, each piece is accompanied by a text containing a short introduction, as well as some ideas and suggestions for the two players.

The idea of this work came from the fact that many people, both after concerts and workshops as well as through our website, came to us with many questions about Brazilian music in general and about our repertoire in particular. Many have noticed the special characteristcs of the cello and guitar duo, and in particular the fact that this combination allows both instruments to switch roles between playing solo and accompaniment. Some get inspired to create similar collaborations but find out that there is a relatively small repertoire for this kind of combination. Still others are surprised and interested by the kind of music we play, and ask us about how to get the scores. Our hope is that this book can meet all these interests, and that it will not only encourage other similar duos to use the repertoire that we present here, but also contribute to a broader knowledge and appreciation of Brazilian music.

The various roots and the many influences of Brazilian culture, combined with the creativity and talent of many of the individuals that marked the development of music in Brazil, have created a vast and unique musical universe. The large amount of genres and styles characteristic of Brazilian music often influence, renew, and sometimes even blend with one another. Perhaps that is why Brazilian music sometimes also avoids generalizations. How to differentiate, for example, and above all, how to define the "popular" and the "classical" in Brazilian music? Of course there are differences between the historical paths of "popular music" and "classical music" in Brazil, but it might be precisely in the many "corners" created by these paths that Brazilian music defines itself fully.

We hope that this book will give ideas, bring a contribution to the repertoire forcello and guitar duo, awaken curiosity about the musical possibilities of this type of combination and, above all, inspire other musicians to study, play and enjoy these "corners" of Brazilian music.

ÍNDICE / *TABLE OF CONTENTS*

PARTE 1 - TRANSCRIÇÕES / *TRANSCRIPTIONS*

Eu quero é sossego (Sebastião "K-Ximbinho" Barros e Hianto de Almeida)	15
Choro de outono (Gustavo Tavares e Nelson Faria)	23
Oitava valsa de esquina (Francisco Mignone)	29
Chico Bororó no samba (Gustavo Tavares e Nelson Faria)	37
Na esquina de mestre Mignone (Gustavo Tavares)	45
Mexidinho (Nelson Faria)	53
As rosas não falam (Angenor "Cartola" de Oliveira)	63
Naquele tempo (Alfredo "Pixinguinha" da Rocha Viana Filho e Benedito Lacerda)	71
Melodia sentimental (Heitor Villa-Lobos)	77
3 pequenas valsas românticas (Tullio Tavares)	85
Doce de coco (Jacob do Bandolim)	97

PARTE 2 - PARTES PARA VIOLÃO E VIOLONCELLO / *GUITAR AND CELLO PARTS*

PARTES PARA VIOLÃO / *GUITAR PARTS*

Eu quero é sossego (Sebastião "K-Ximbinho" Barros e Hianto de Almeida)	108
Choro de outono (Gustavo Tavares e Nelson Faria)	110
Oitava valsa de esquina (Francisco Mignone)	112
Chico Bororó no samba (Gustavo Tavares e Nelson Faria)	114
Na esquina de mestre Mignone (Gustavo Tavares)	116
Mexidinho (Nelson Faria)	118
As rosas não falam (Angenor "Cartola" de Oliveira)	120
Naquele tempo (Alfredo "Pixinguinha" da Rocha Viana Filho e Benedito Lacerda)	122
Melodia sentimental (Heitor Villa-Lobos)	124
3 pequenas valsas românticas (Tullio Tavares)	126
Doce de coco (Jacob do Bandolim)	129

PARTES PARA VIOLONCELO / *CELLO PARTS*

Eu quero é sossego (Sebastião "K-Ximbinho" Barros e Hianto de Almeida)	134
Choro de outono (Gustavo Tavares e Nelson Faria)	136
Oitava valsa de esquina (Francisco Mignone)	138
Chico Bororó no samba (Gustavo Tavares e Nelson Faria)	140
Na esquina de mestre Mignone (Gustavo Tavares)	142
Mexidinho (Nelson Faria)	144
As rosas não falam (Angenor "Cartola" de Oliveira)	146
Naquele tempo (Alfredo "Pixinguinha" da Rocha Viana Filho e Benedito Lacerda)	148
Melodia sentimental (Heitor Villa-Lobos)	150
3 pequenas valsas românticas (Tullio Tavares)	152
Doce de coco (Jacob do Bandolim)	156

PARTE 1 - TRANSCRIÇÕES - *TRANSCRIPTIONS*

A execução de qualquer música a partir de uma partitura exige não somente o conhecimento do sistema de escrita musical, mas também uma familiaridade com as convenções vinculadas aos gêneros e estilos das obras escritas. Difícil, porém, às vezes até impossível, escrever de forma clara questões de fraseado, estilo, gosto pessoal e tradição. Mesmo assim, nas transcrições, buscamos uma representação real de como tocamos as peças no CD. Por essa razão, incluímos nas transcrições as realizações das cifras e os improvisos, as arcadas no caso do violoncelo, assim como algumas articulações, dedilhados e outras informações que julgamos importantes para se entender a maneira como tocamos em gravações. Este material transcrito pode ser usado como complemento às partes cavadas e servir, assim, como referência para estudo e interpretação.

The performance of any given music from a score requires not only knowledge of the musical writing system but also a familiarity with the conventions linked to the genres and styles of the written works. It's difficult however, sometimes even impossible, to write in a clear way issues related to phrasings, style, personal taste and tradition. Even so, in the transcripts we seek a real representation of how we played the pieces on the CD. Therefore, we include here the realization of the chord symbols, in the case of the cello, bowings, as well as improvisations, some fingerings, and other information that we think is important to understand the way we play on the recordings. This material transcribed can be used as a complement to the individual parts and serve in that way as a reference for study and interpretation.

EU QUERO É SOSSEGO (Sebastião "K-Ximbinho" Barros e Hianto de Almeida)

     O clarinetista e saxofonista Sebastião Barros, conhecido como K-Ximbinho (1917-1980), nasceu em Taipu, no Rio Grande do Norte, e assim como tantos outros músicos brasileiros, começou suas atividades musicais na banda local. Posteriormente, depois de se mudar com a família para Natal, passou a integrar, em 1938, a Orquestra Tabajara, grupo com o qual tocou, com alguns intervalos, até 1949. Em 1942, ele se mudou para o Rio de Janeiro. Em seguida, ao mesmo tempo em que trabalhava em boates e casas noturnas, passou a tocar clarineta na Orquestra Sinfônica Nacional da Rádio MEC. Por três anos, a partir de 1950, estudou harmonia e contraponto com Hans-Joachim Koellreutter. K-Ximbinho também trabalhou como arranjador para a TV Globo e para as gravadoras Odeon e Polydor, sendo admirado no meio musical carioca não somente pela sua criatividade, mas também pela generosidade com que dividia os seus conhecimentos com outros músicos da cidade. Como compositor, K-Ximbinho é reconhecido, sobretudo, pela riqueza melódica dos seus choros, entre os quais "Eu quero é sossego" configura-se como um dos mais belos exemplos.

     Clarinetist and saxophonist Sebastião Barros, known as K-Ximbinho (1917-1980), was born in Taipu, Rio Grande do Norte, and like so many other Brazilian musicians, began his musical activities in the local band of his hometown. Later, after moving with his family to Natal, he joined in 1938 the Orquestra Tabajara, a group with which he played, with a few breaks, until 1949. In 1942, he moved to Rio de Janeiro, where he worked as clarinetist at the Orquestra Sinfônica Nacional at Radio MEC, while also working in bars and nightclubs. For 3 years, starting in 1951, he studied harmony and counterpoint with Hans Joachim Koellreutter. K-Ximbinho worked as an arranger for TV Globo, as well as for the Odeon and Polydor record labels, and was admired in the musical scene of Rio not only for his musical creativity but also for the generosity with which he shared his knowledge with other musicians. As a composer, K-Ximbinho is recognized in particular by the melodic richness of his choros, which "Eu quero é sossego" is one of the most beautiful examples. "Eu quero é sossego" can be roughly translated as "I want calm" or "I want peace and quite".

Gustavo Tavares & Nelson Faria

EU QUERO É SOSSEGO
Transcrição - *Transcription*

K-Ximbinho e Hianto de Almeida

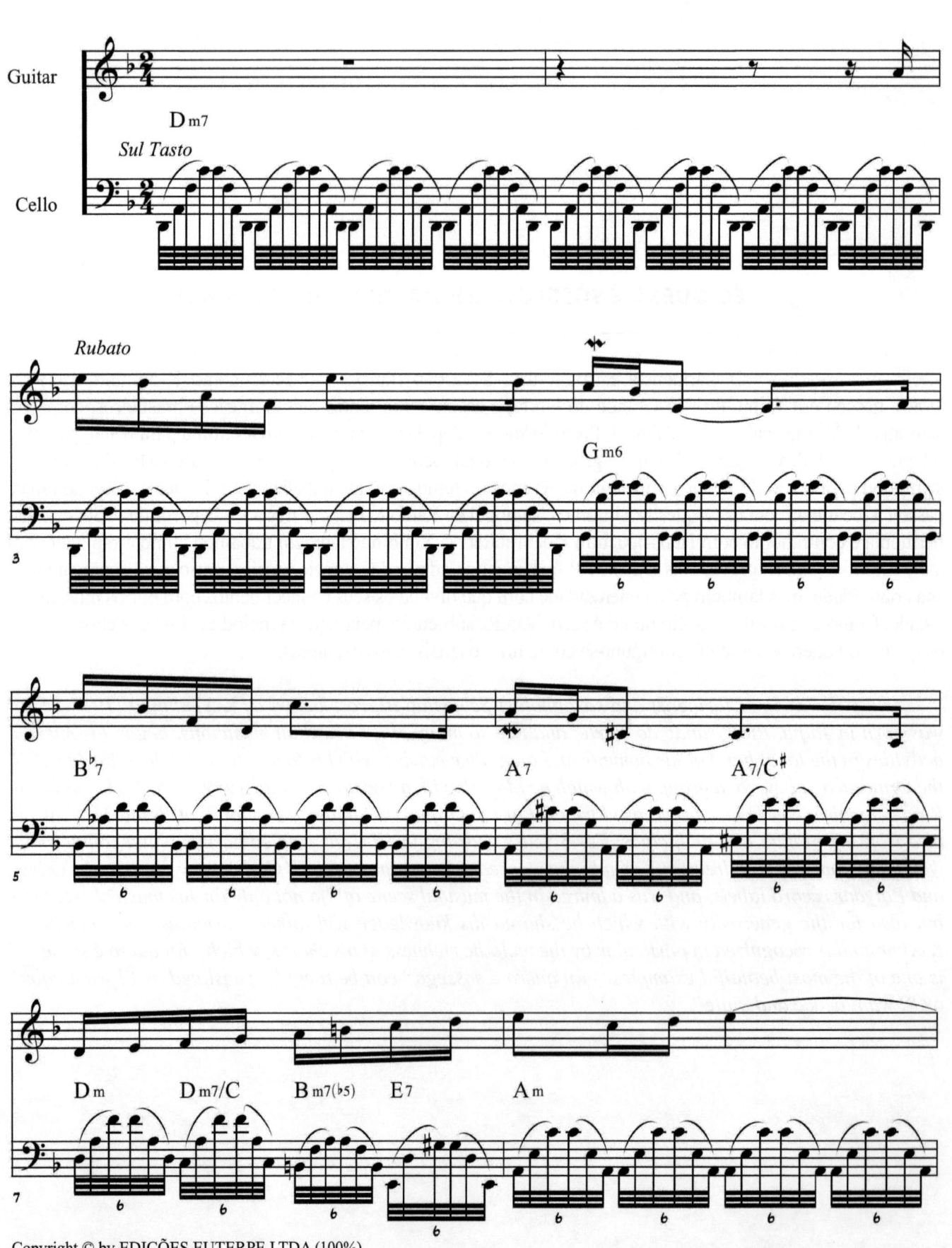

Copyright © by EDIÇÕES EUTERPE LTDA (100%)

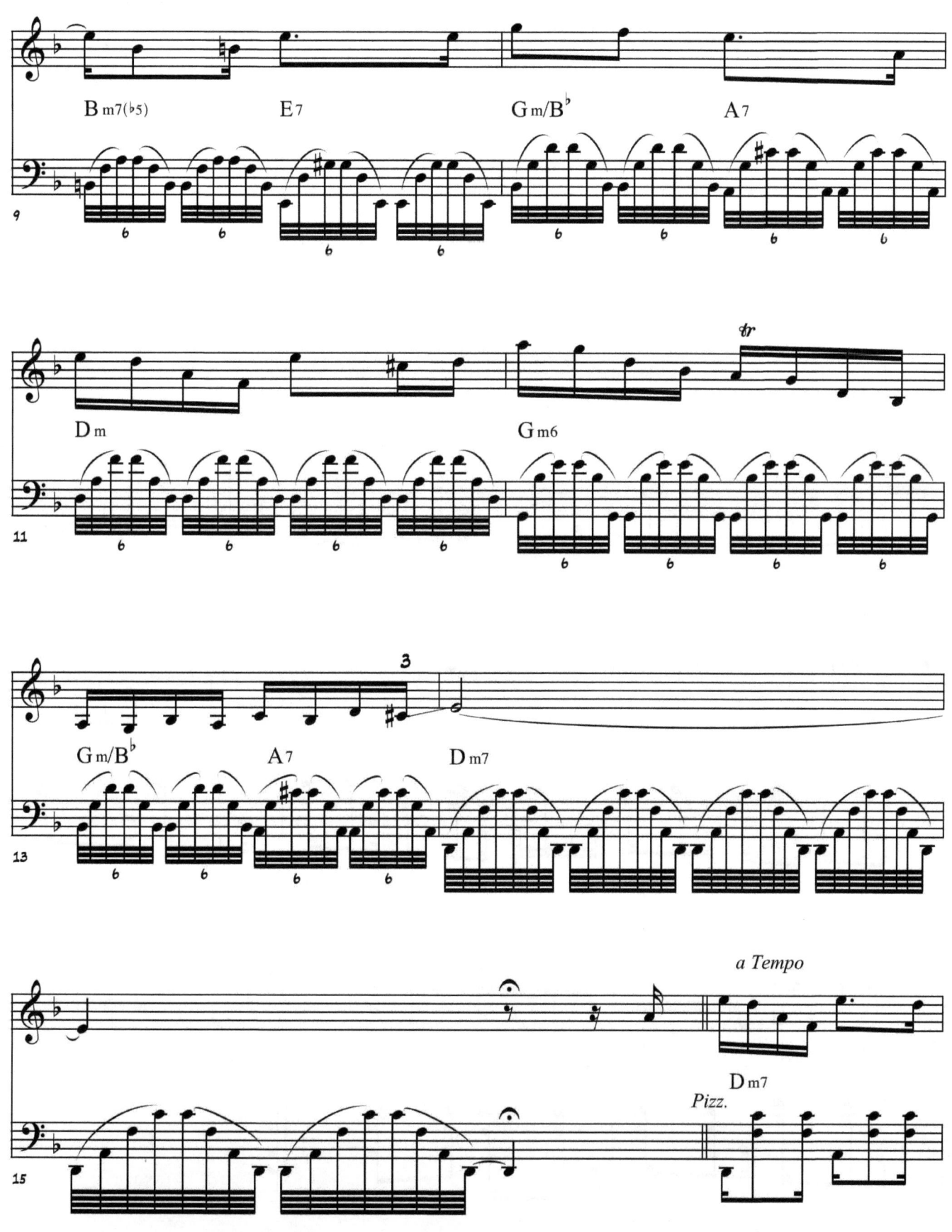

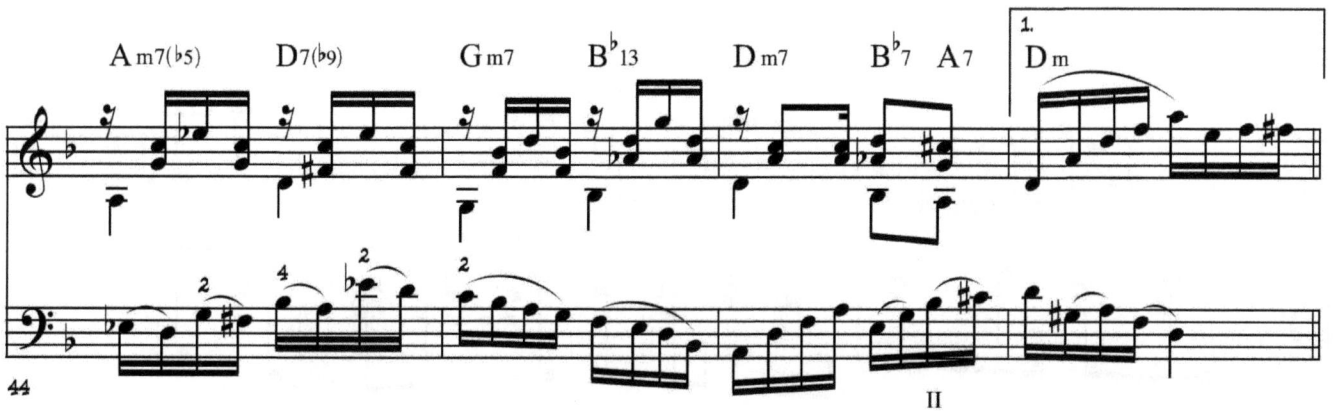

CHORO DE OUTONO (Gustavo Tavares e Nelson Faria)

Peça composta no outono de 2010, especialmente para este trabalho. Podemos dizer que o termo "choro", aqui, é usado realmente com duplo significado. A peça explora e expande harmonicamente a qualidade cromática que podemos, muitas vezes, ouvir no repertório tradicional de choro. Aqui, contribuindo para a "melancolia" e o "clima impressionista" da peça, não somente as progressões escolhidas são relativamente modulantes, como também, diferente da forma como interpretamos choros mais tradicionais como por exemplo "Eu quero é sossego" e "Doce de coco", o acompanhamento na gravação é feito em acordes arpejados.

This piece was composed in the autumn of 2010 especially for this project, and we can say that the term "Choro" here is really used with its double meaning. (The word "Choro" in Brazil can be used both to designate a specific music tradition or repertoire, as well as in the meaning of "cry") The piece explores and expands harmonically the chromatic quality that we can often hear in the traditional repertoire of "Choro". Here, contributing to the "melancholy" and the "impressionistic atmosphere", we have chosen relatively modulating progressions and. different from the way we interpret more traditional "Choro" pieces such as "Eu quero é sossego" and "Doce de coco", the accompaniment in the recording is done in arpeggiated chords.

CHORO DE OUTONO
Transcrição - *Transcription*

Gustavo Tavares e Nelson Faria

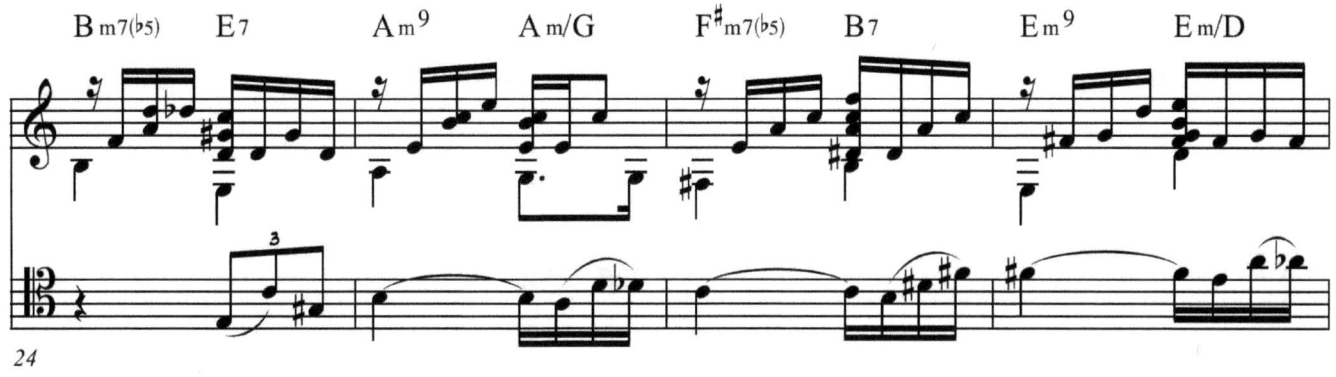
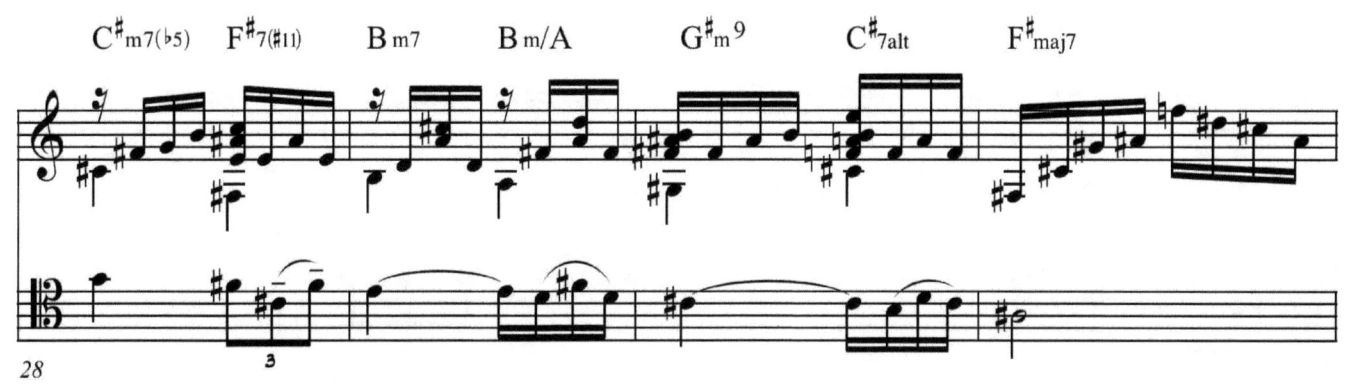

OITAVA VALSA DE ESQUINA (Francisco Mignone)

Francisco Mignone é, sem dúvida, um dos mais importantes compositores brasileiros. Autor de mais de 1000 obras, entre elas 12 "Valsas de esquina", 12 "Valsas-choro", 24 "Valsas brasileiras", todas para piano, além de 12 "Valsas-choro" para violão e 16 valsas para fagote solo. Não é à toa que o grande poeta Manoel Bandeira o chamava de "O rei da valsa". A primeira das "Valsas de esquina" foi escrita em 1938 e a última em 1943, cada uma em uma tonalidade menor diferente. Nessa época, o compositor já havia se tornado um dos mais destacados nomes da estética nacionalista e usava livremente as raízes da música brasileira nas suas composições. Buscamos explorar, no nosso arranjo, a qualidade "seresteira" da música de Mignone, e a relação dessa peça com a música popular também é expressada pelo próprio compositor, ao dedicar a valsa ao pianista Mario de Azevedo, um importante intérprete da música popular e contemporâneo de Mignone. Aqui, a "Oitava valsa de esquina" está transposta para Lá menor, mas na versão original de 1940 ela está escrita em Dó♯ menor e possui a indicação "Tempo de valsa caipira".

Francisco Mignone is without doubt one of the most important Brazilian composers. Author of more than 1000 works, including 12 "Valsas de esquina" (Waltzes from a streetcorner), 12 "Valsas-choro" (Choro-waltzes), 24 "Valsas brasileiras" (Brazilian Waltzes), all for piano, as well as 12 "Valsas-choro" for guitar and 16 waltzes for solo bassoon, it is not without a reason that the great Brazilian poet Manoel Bandeira called him "the King of Waltz"! ... The first of the "Valsas de esquina" was written in 1938, and the last in 1943, each in a different minor tonality. At that time, the composer had already become one of the most prominent names of the musical nationalism, and used freely the roots of Brazilian music in his compositions. In our arrangement, we seek to explore the "seresteira" (serenade-like) quality of the music, and the relationship of this piece with the popular music is also expressed by the composer himself, by dedicating this waltz to the pianist Mario de Azevedo, an important interpreter of popular music, and a contemporary of Mignone. Here, the "Oitava valsa de esquina" is transposed into A minor, while in the original version of 1940 it is written in C minor, and brings the indication "Tempo de Valsa Caipira". (The word "Caipira" is used to characterize both people as well cultural aspects of some rural areas of Brazil.)

OITAVA VALSA DE ESQUINA
Transcrição - *Transcription*

Francisco Mignone

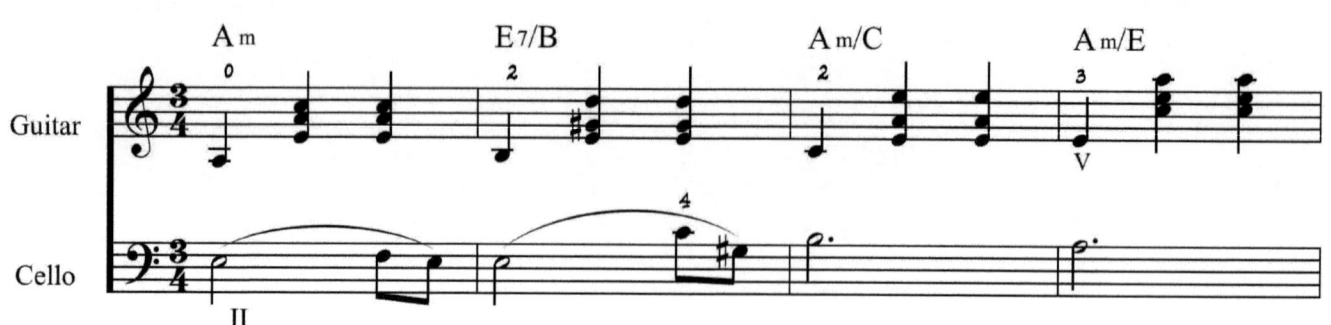

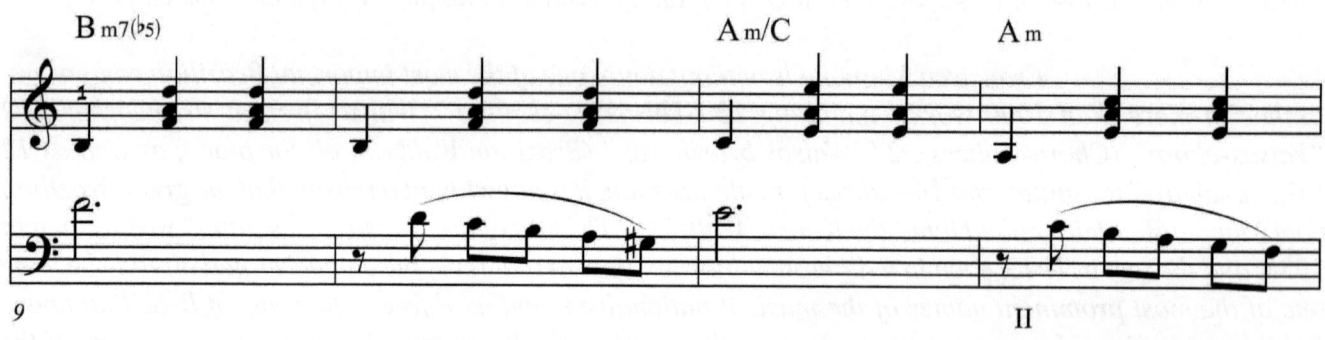

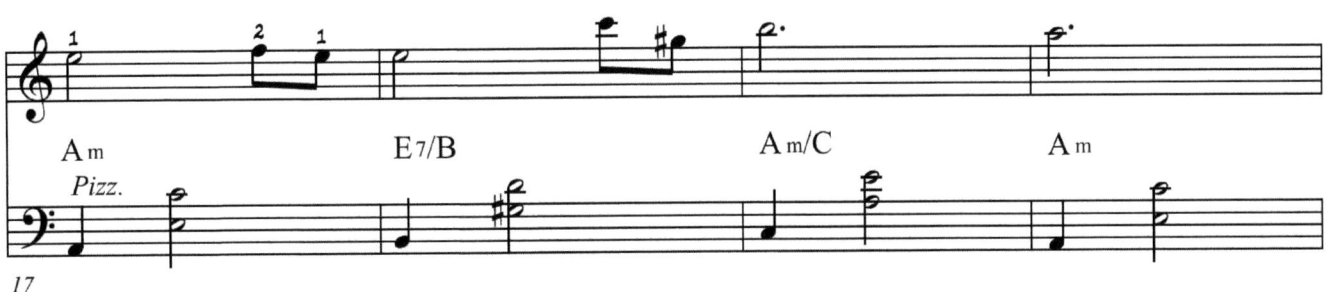

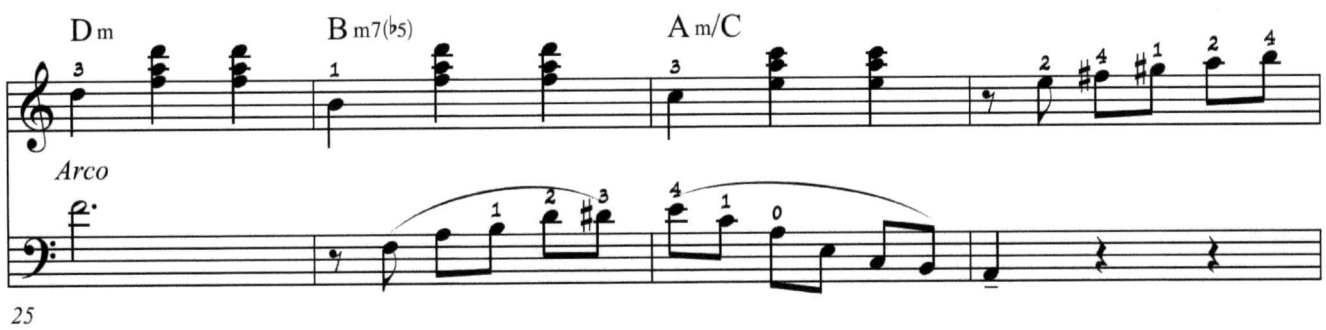

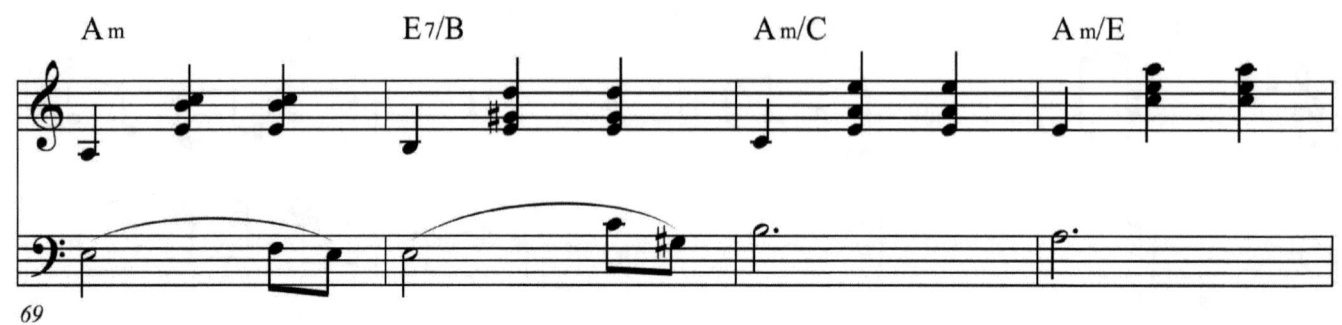

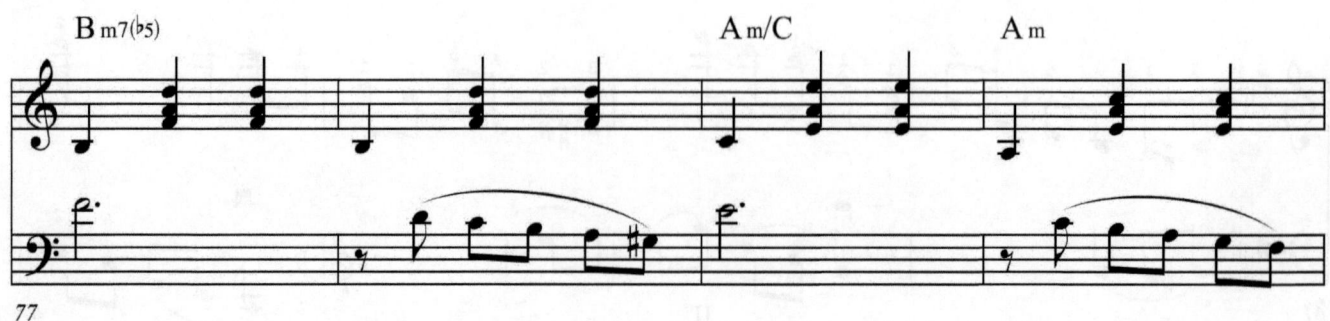

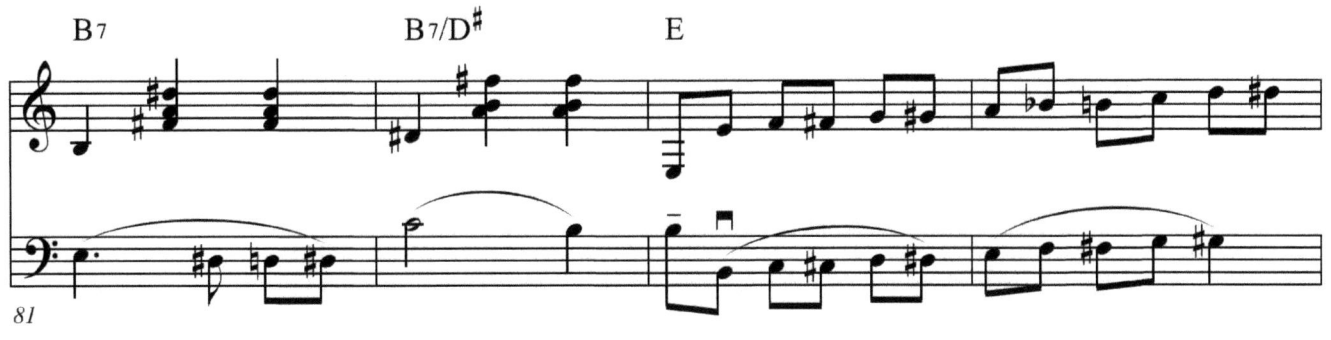
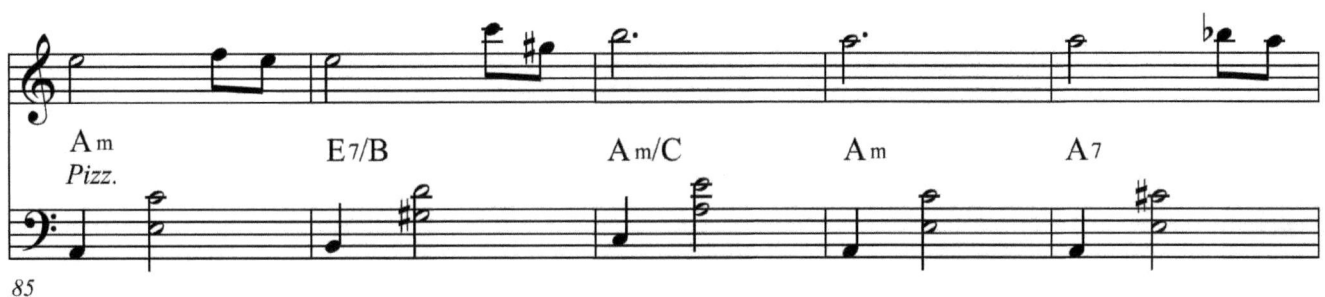

35

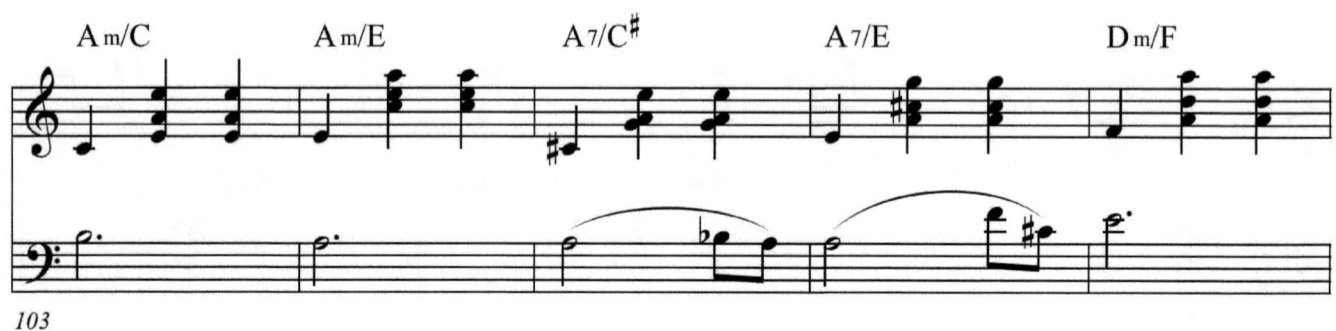

CHICO BORORÓ NO SAMBA (Gustavo Tavares e Nelson Faria)

Esta peça, também escrita especialmente para este projeto, é uma homenagem a Chico Bororó, pseudônimo que Francisco Mignone utilizava para assinar suas peças em estilo popular. Utilizamos alguns motivos rítmicos e melódicos característicos do samba, como a figura do baixo no violão nos compassos 45 e 46 (fig. 1) e o uso de síncopes seguidas nas frases melódicas. Também usamos alguns elementos rítmicos característicos do samba de partido alto (fig. 2).

This piece, also written especially for this project, is an homage we pay to Chico Bororó, pseudonym used by Francisco Mignone as a popular composer. We used certain rhythmic and melodic motifs characteristic of the samba, such as the guitar's bass line at bar 45 and 46 (fig 1) as well as the continued use of syncopation in the melodic phrases. Some of the acompanimment patterns on the guitar are characteristic for the so-called "samba de partido alto" (fig 2).

fig. 1

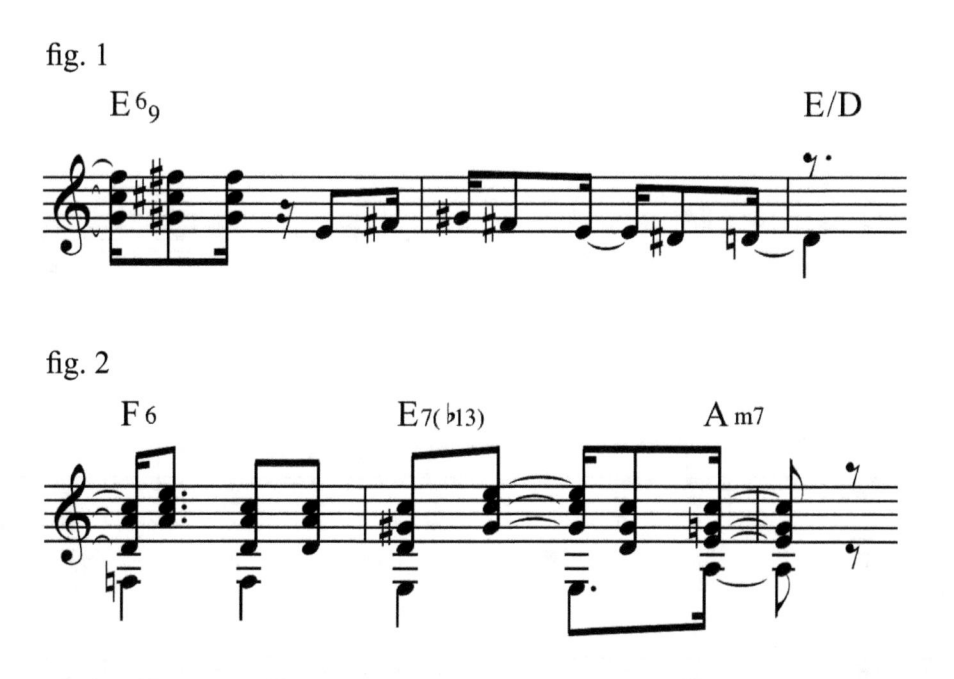

fig. 2

CHICO BORORÓ NO SAMBA
Transcrição - *Transcription*

Gustavo Tavares e Nelson Faria

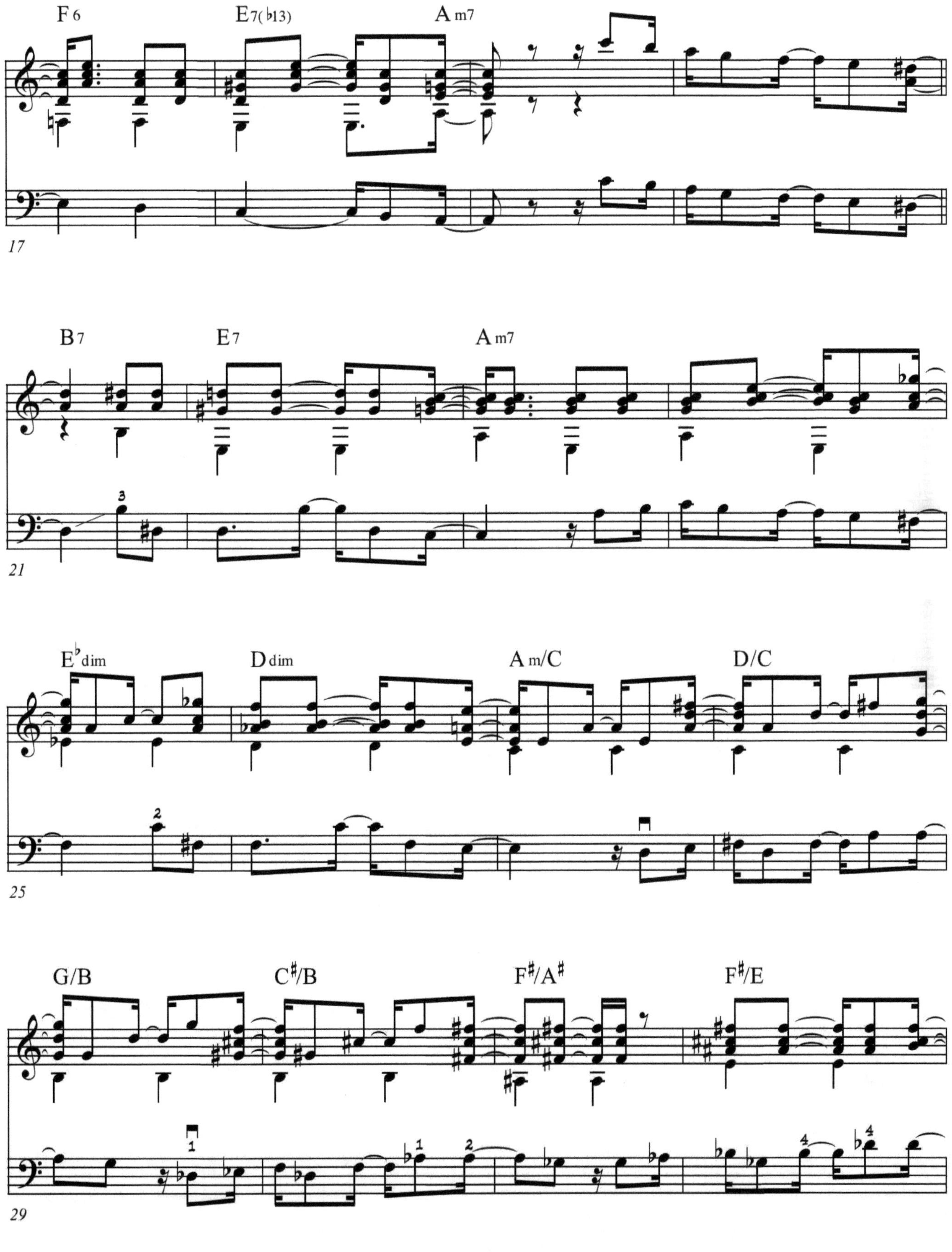
F6
E7(♭13)
Am7
17
B7
E7
Am7
21
E♭dim
Ddim
Am/C
D/C
25
G/B
C♯/B
F♯/A♯
F♯/E
29

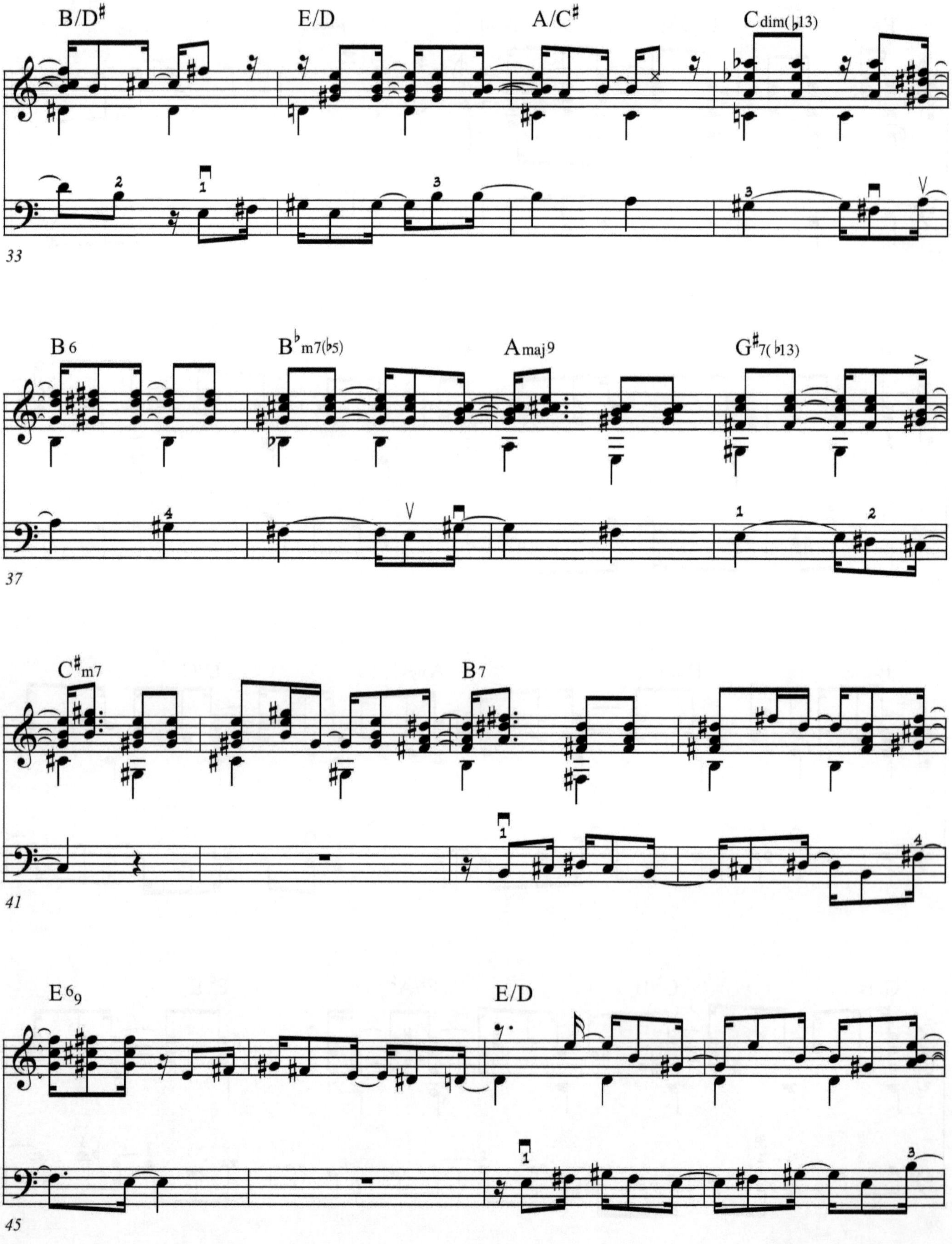
B/D#
E/D
A/C#
Cdim(♭13)
33
B6
B♭m7(♭5)
Amaj9
G#7(♭13)
37
C#m7
B7
41
E6 9
E/D
45

Aadd 9/C#
Cdim(♭13)
B6
B♭m7(♭5)
49
Amaj9
G#7(♭13)
C#m7
53
B7
E6 9
57
E/D
Aadd 9/C#
61

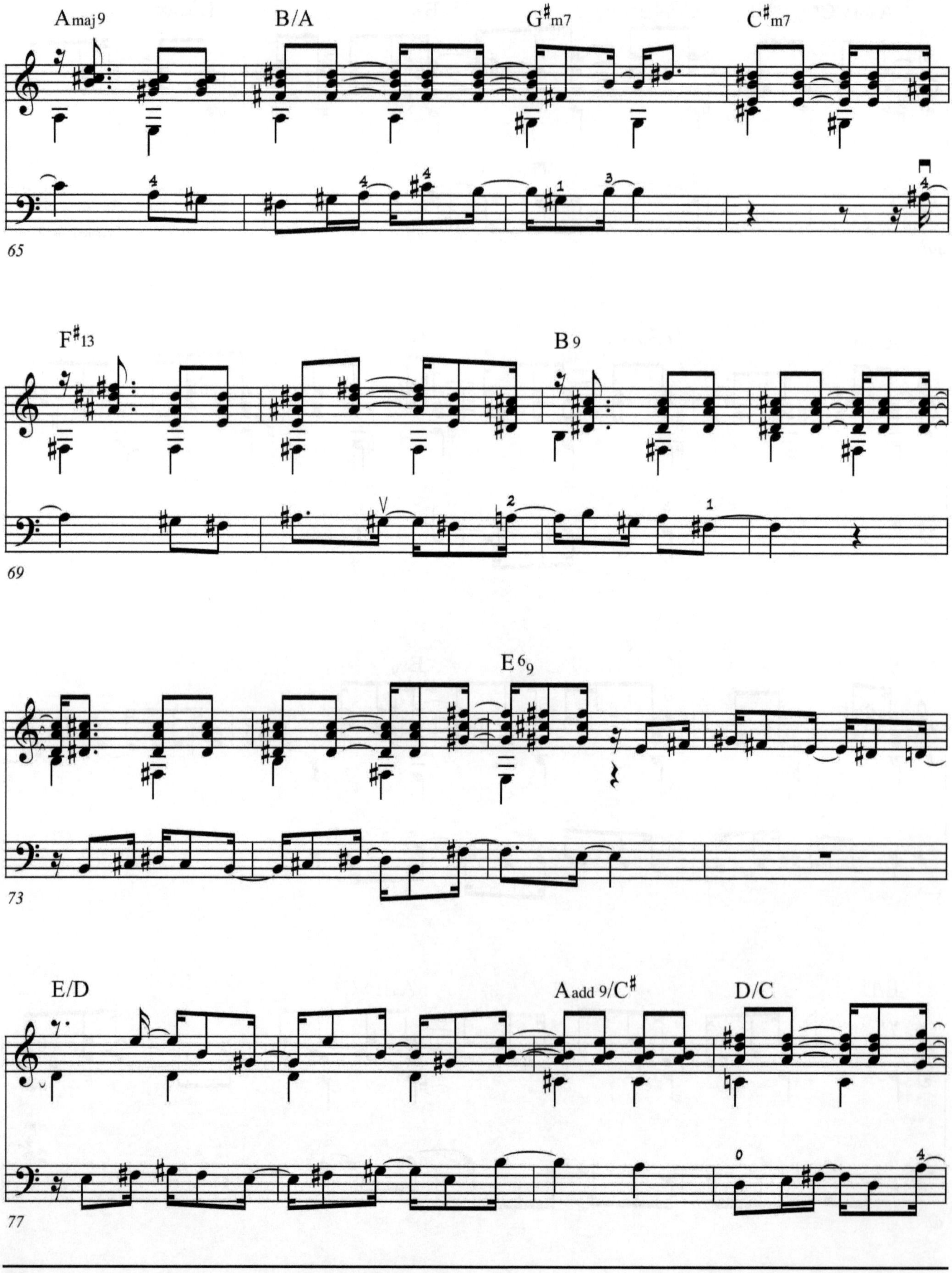
Amaj9
B/A
G#m7
C#m7
65
F#13
B9
69
E69
73
E/D
Aadd 9/C#
D/C
77

G/B
C/B♭
F/A
G♯dim(♭13)
81
III
G6
F♯m7(♭5)
F6
E7(♭13)
Am7
85
B7
E7
89
Am7
E♭dim
Ddim
93

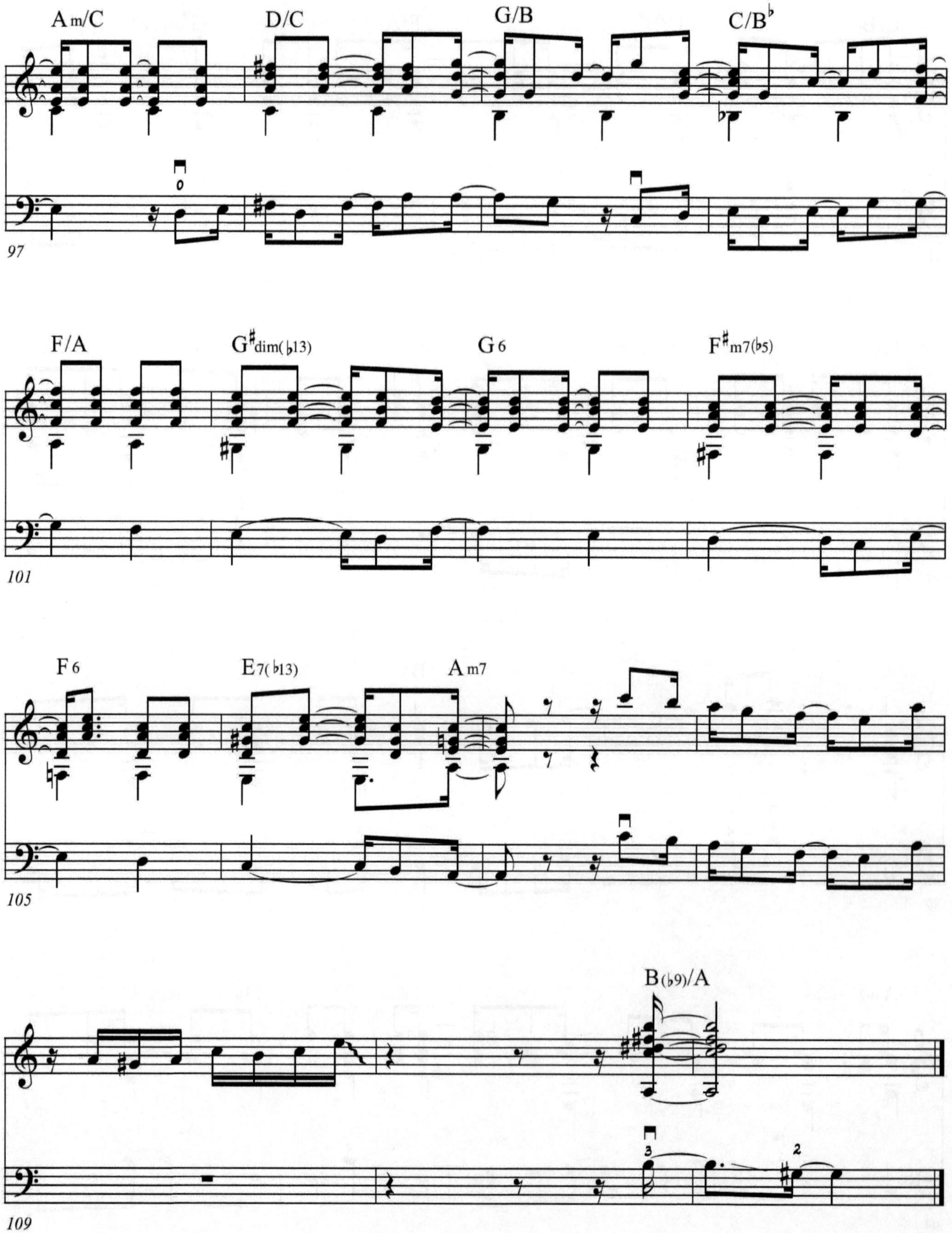
Am/C
D/C
G/B
C/B♭
97
F/A
G♯dim(♭13)
G6
F♯m7(♭5)
101
F6
E7(♭13)
Am7
105
B(♭9)/A
109

NA ESQUINA DE MESTRE MIGNONE (Gustavo Tavares)

Esta peça nos remete à série de "Valsas de esquina", de Francisco Mignone. Nesta versão para violoncelo e violão, composta em 2010, os dois instrumentos dialogam e se alternam na execução da melodia principal, a qual flui durante toda a peça. Essa ideia de "diálogo" é importante e exige que os dois instrumentistas explorem, especialmente, o elemento da dinâmica. E isso ocorre em, praticamente, todo o repertório deste livro, porém, a dinâmica não vem escrita com indicações dos tipos "forte" e "piano", como de praxe em música erudita. A dinâmica aqui deve ser criada naturalmente e, na maioria dos casos, pensada a partir da complementaridade dos dois instrumentos e como resultado da linha melódica. Também é importante observar as mudanças entre compassos ternários e binários, e fazer com que essas mudanças não interfiram na fluidez melódica da peça.

This piece creates a reference to the series of "Valsas de esquina" by Francisco Mignone. In this version for cello and guitar, composed in 2010, the two instruments dialogue and alternate themselves presenting the main melody, which flows throughout the piece. This idea of "dialogue" is important and requires from the two musicians to explore the element of dynamics in particular. As in virtually all the repertoire of this book, however, the dynamics are not presented with written indications such as "forte" and "piano", as it is usually done in "classical" music. The dynamics here should be created naturally and, in most cases, omprehended within the complementarity of the two instruments. Moreover, it should be done out of the natural directions of the melodic line. It is also important to note the changes happening between ternary and binary bars, and to make these changes in a way that they do not interfere with the melodic flow of the piece.

NA ESQUINA DE MESTRE MIGNONE

Transcrição - *Transcription*

Gustavo Tavares

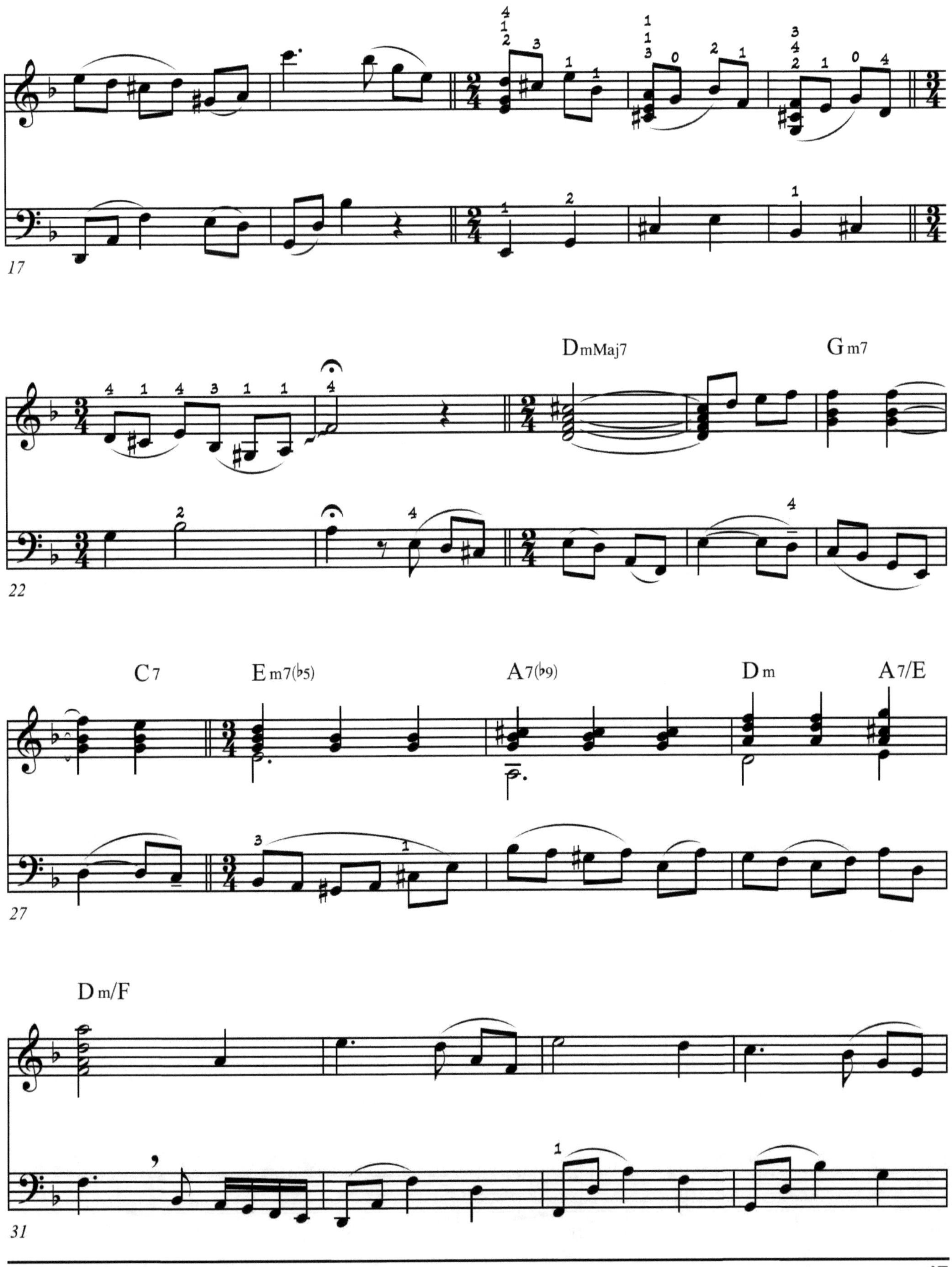
17
DmMaj7
Gm7
22
C7
Em7(♭5)
A7(♭9)
Dm
A7/E
27
Dm/F
31

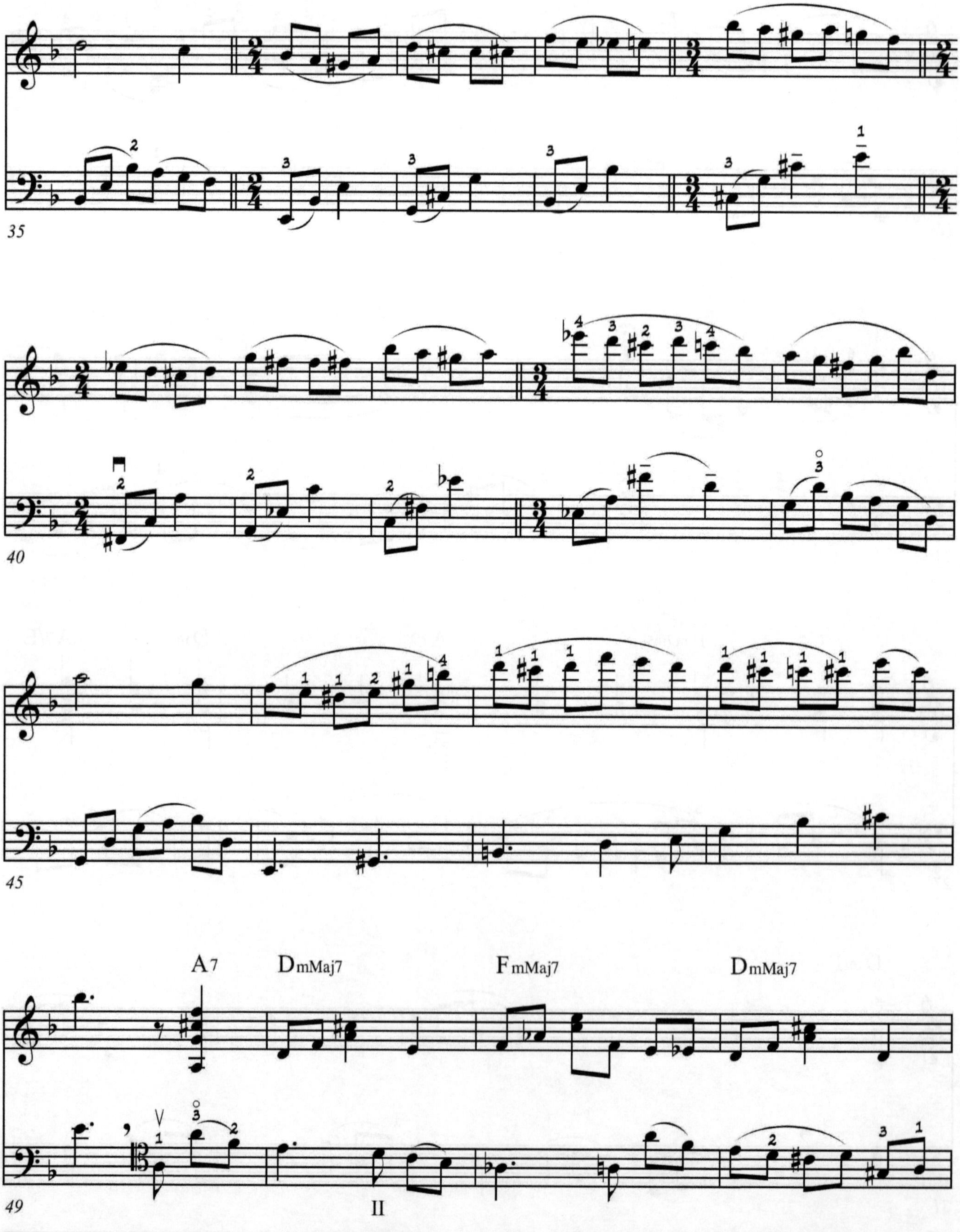
35
40
45
A7
DmMaj7
FmMaj7
DmMaj7
49
II

Gm7
Em7(b5)
A7
Gm
Fmaj7(#5)
53
DmMaj7
FmMaj7
57
Gm7
Em7(b5)
C#dim
Dm/F
Rit.
61
DmMaj7
F6
Gm6
Em7(b5)
65

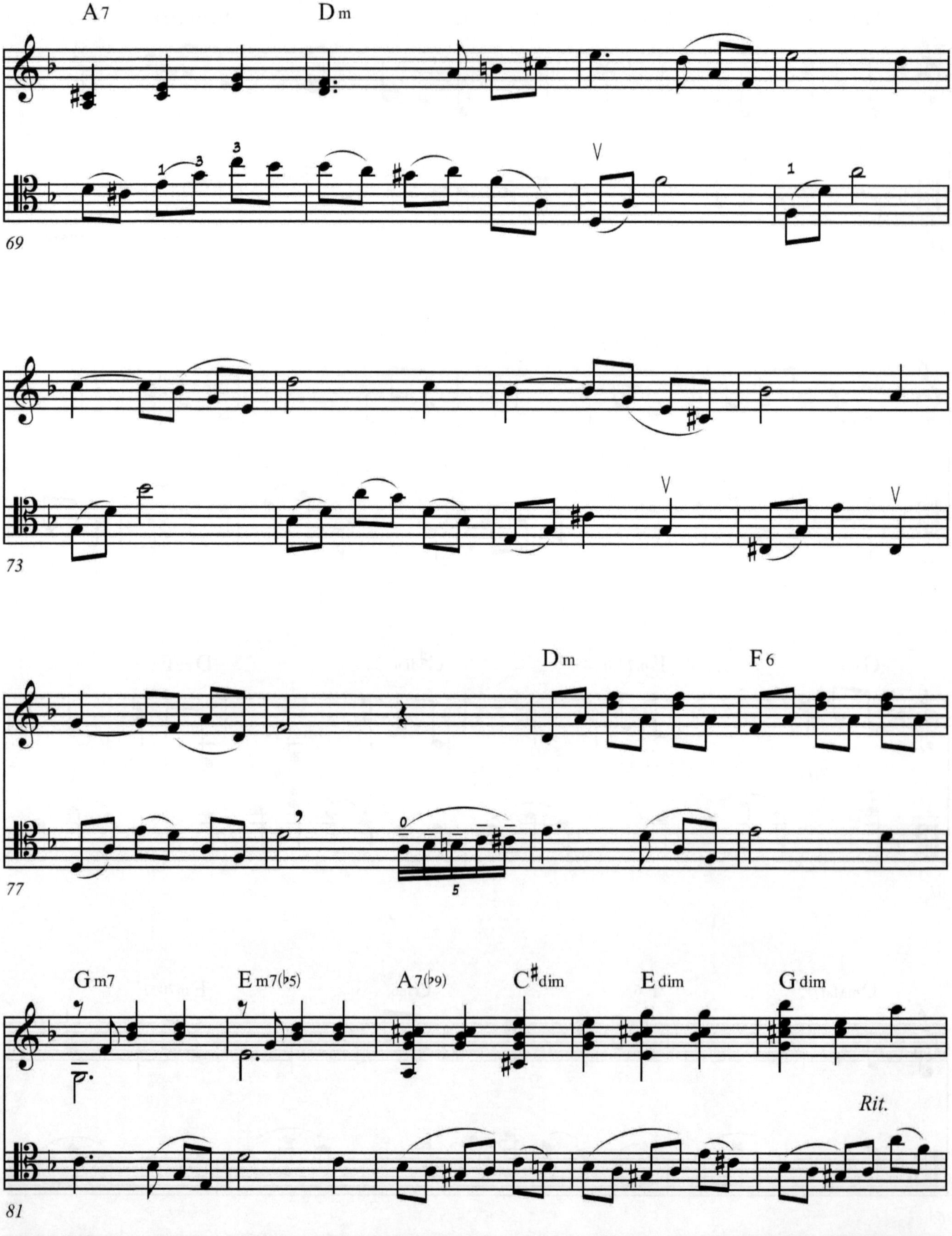
A7
Dm
69
73
Dm
F6
77
Gm7
Em7(♭5)
A7(♭9)
C♯dim
Edim
Gdim
Rit.
81

DmMaj7
FmMaj7
DmMaj7
Gm
a Tempo
86
Em7(♭5)
A7
Gm
Fmaj7(#5)
90
DmMaj7
FmMaj7
DmMaj7
Gm7
rit.
94
Fmaj7(#5)
Em7(♭5)
A7(♭9)
Dmmaj7
DmMaj7
rit.
98

MEXIDINHO (Nelson Faria)

"Mexidinho" foi composta quando os dois primeiros filhos de Nelson Faria ainda eram crianças pequenas e ilustra no contraponto das duas vozes a brincadeira e, de certa forma, a diferença de personalidade dos dois meninos. Por isso, a ideia de aproveitar canções infantis brasileiras na seção com improviso surgiu naturalmente e, na gravação, usamos o "Samba-lê-lê" e a "Ciranda, cirandinha". Essas canções estão entre as mais conhecidas da tradição brasileira, mas outras canções, brasileiras ou não, podem (e devem...) ser usadas, e aqui o violoncelista fica com inteira liberdade para buscar inspiração nas canções da sua própria infância. O uso do *pizzicato* no improviso também surgiu como associação ao universo lúdico infantil, mas, claro, não exclui a possibilidade do uso do arco nessa seção. De certa forma, a inclusão de "Mexidinho" neste projeto também sugere a "esquina", esse espaço urbano que durante a noite era um possível palco para serenatas, sendo ocupado durante o dia pela brincadeira das crianças.

"Mexidinho" it was composed when Nelson's first two children were still very young. Through the counterpoint of the two voices, it illustrates the playing and, in a way, the personality of the two boys. Because of that, the idea of taking advantage of Brazilian children's songs in the section with improvisation came naturally, and in the recording we use the "Samba-lê-lê" and "Ciranda, cirandinha" songs. These songs are among the best known of the Brazilian tradition, but other songs, Brazilian or not, can (and should) be used, and here the cellist has full liberty also to seek inspiration in the songs of his or her own childhood. The use of pizzicato in the improvised section also seemed to us to be more "playful" and to better represent a children's universe but, of course, it does not exclude the possibility of the use of the bow in this section. In a way, the inclusion of "Mexidinho" in this project also suggests to us the "streetcorner", this urban space which was a possible venue for serenades during the night, being filled with children's play during the day.

MEXIDINHO
Transcrição - *Transcription*

Nelson Faria

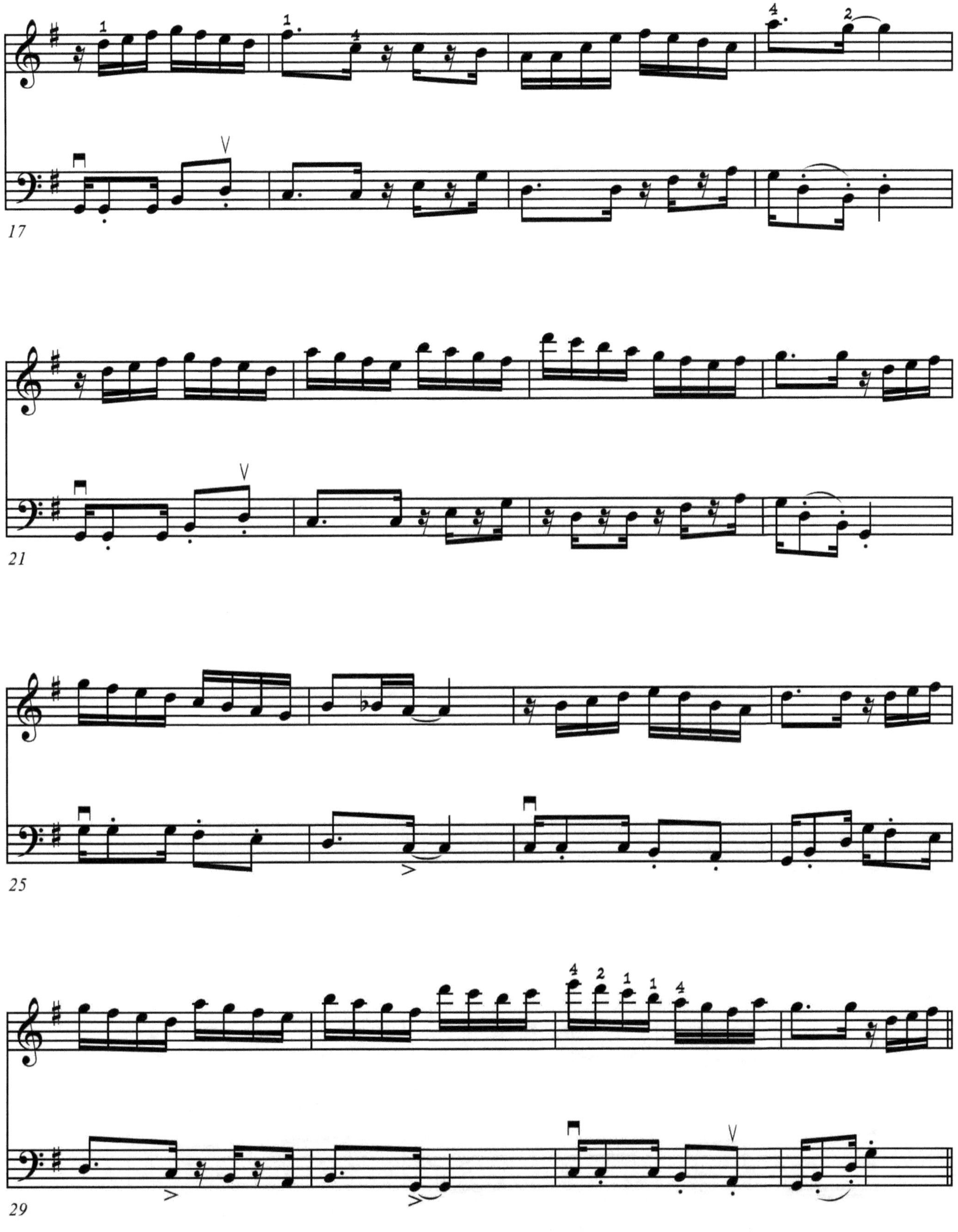
17
21
25
29

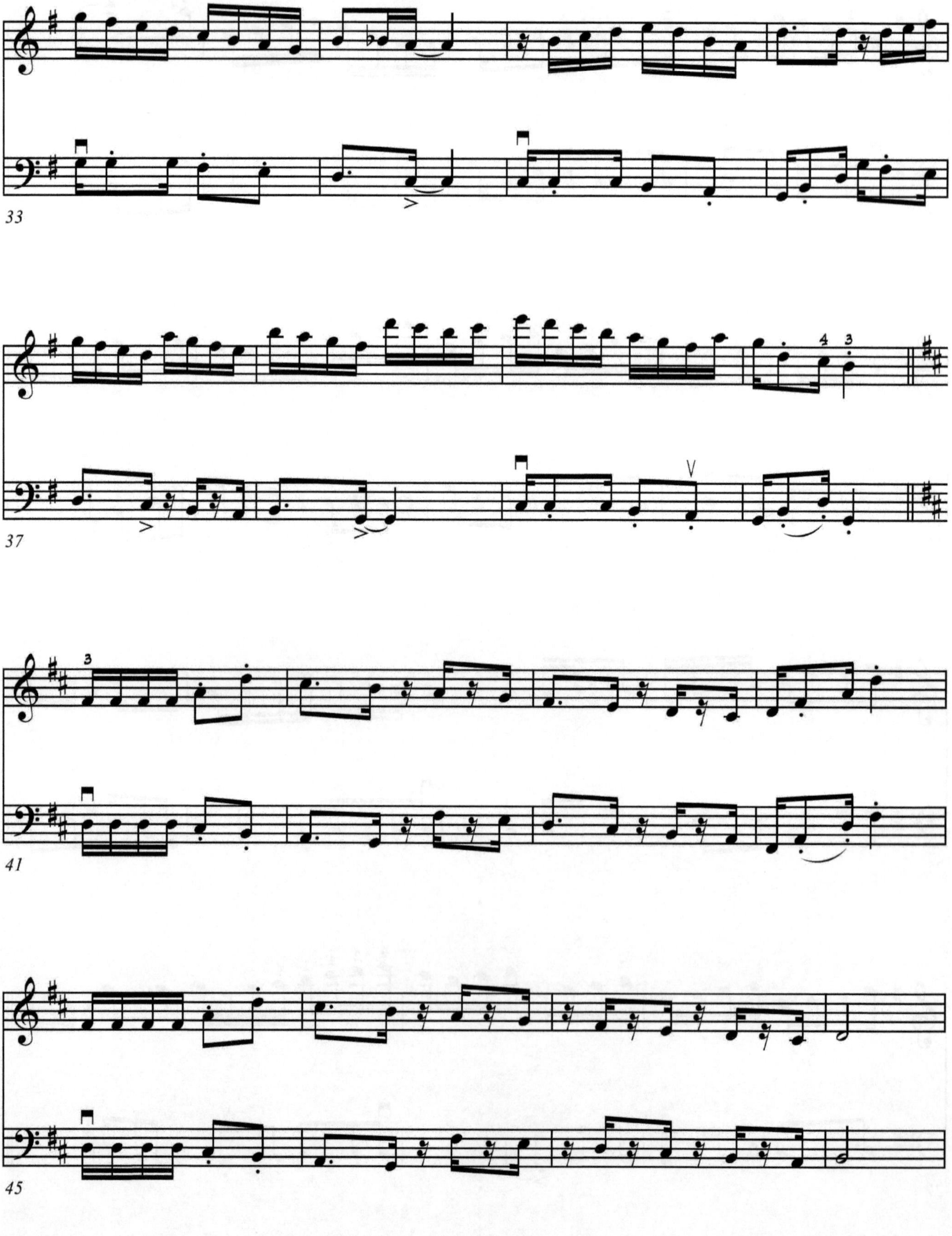
33
37
41
45

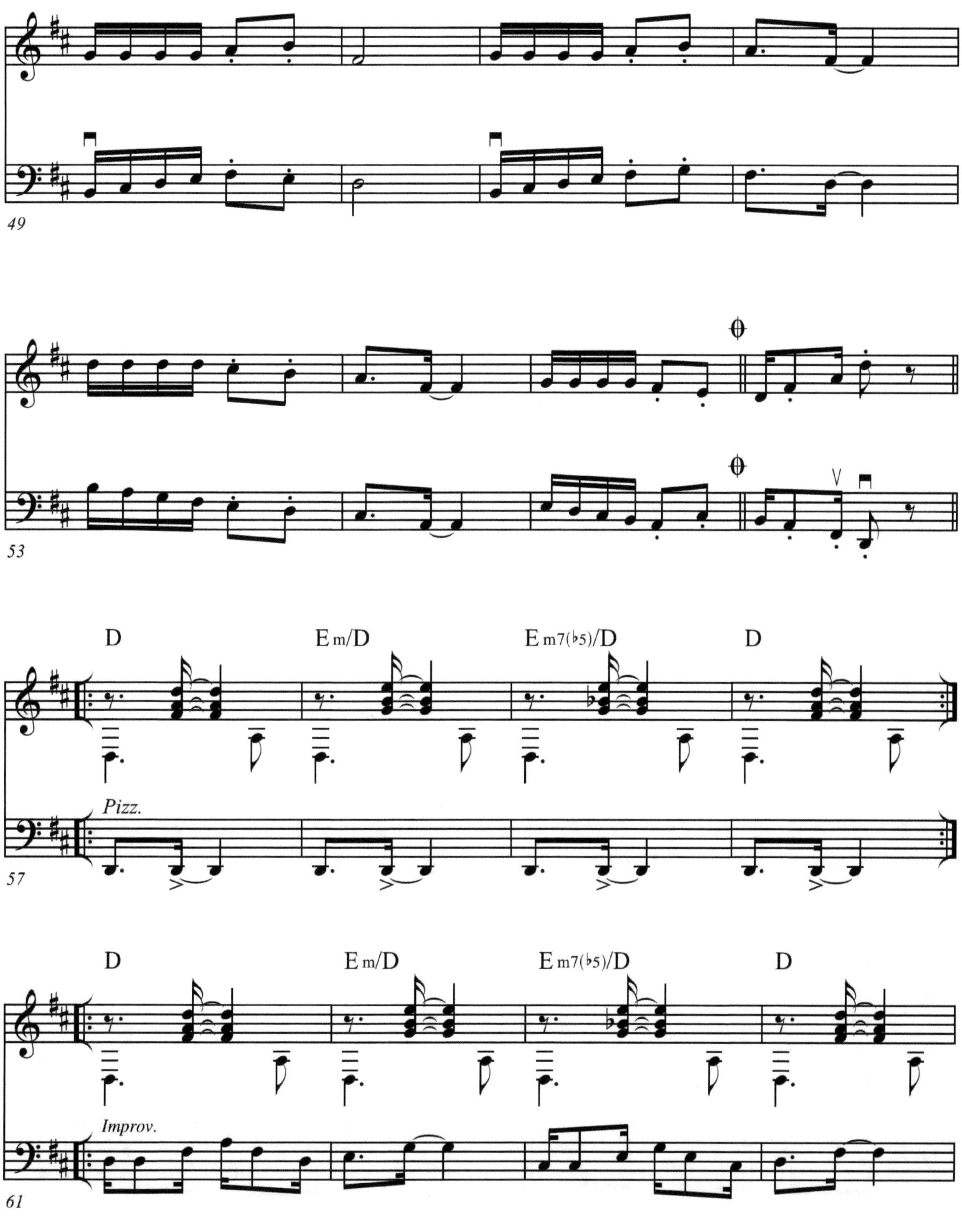
49
53
D
Em/D
Em7(♭5)/D
D
Pizz.
57
D
Em/D
Em7(♭5)/D
D
Improv.
61

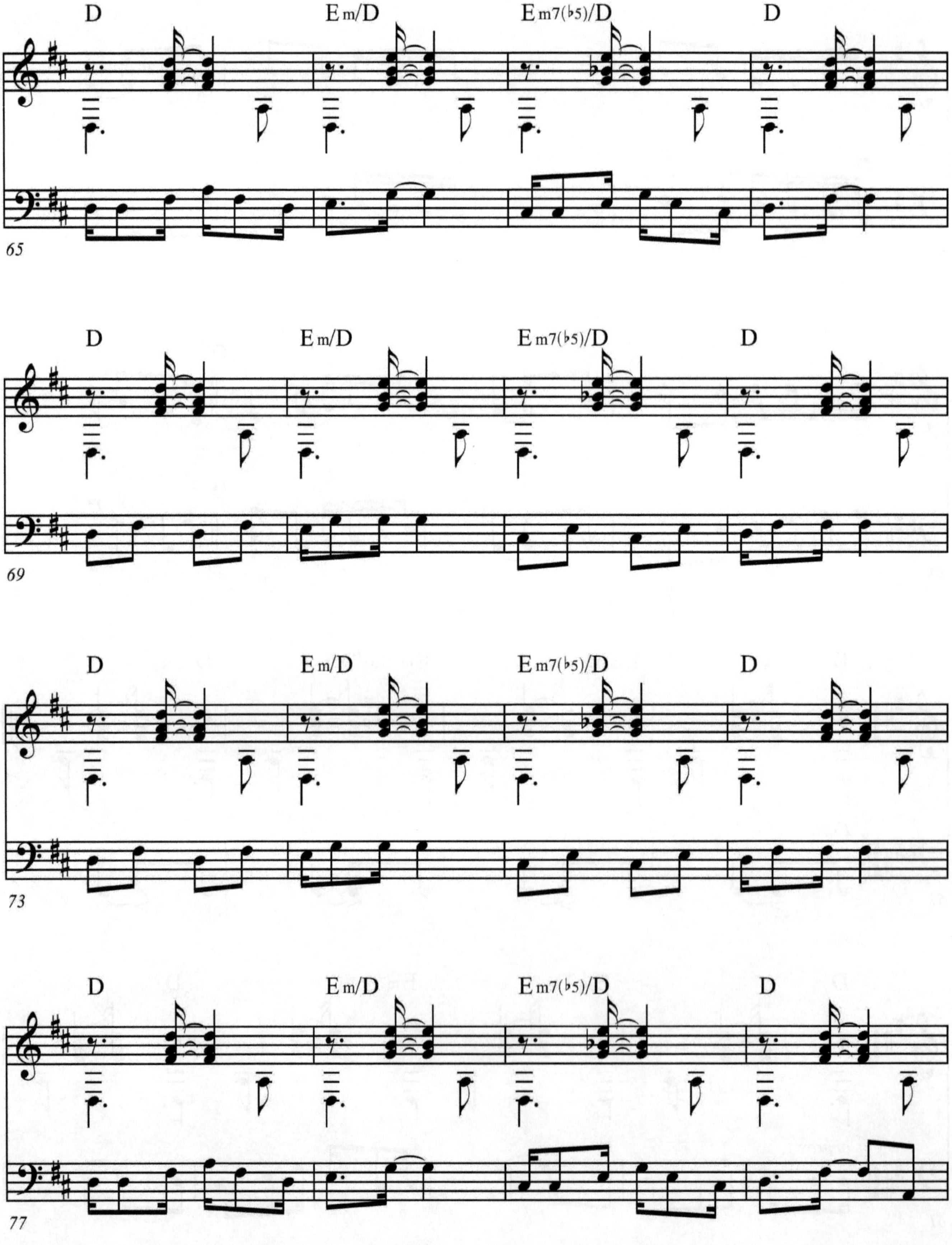
D
Em/D
Em7(♭5)/D
D
65
D
Em/D
Em7(♭5)/D
D
69
D
Em/D
Em7(♭5)/D
D
73
D
Em/D
Em7(♭5)/D
D
77

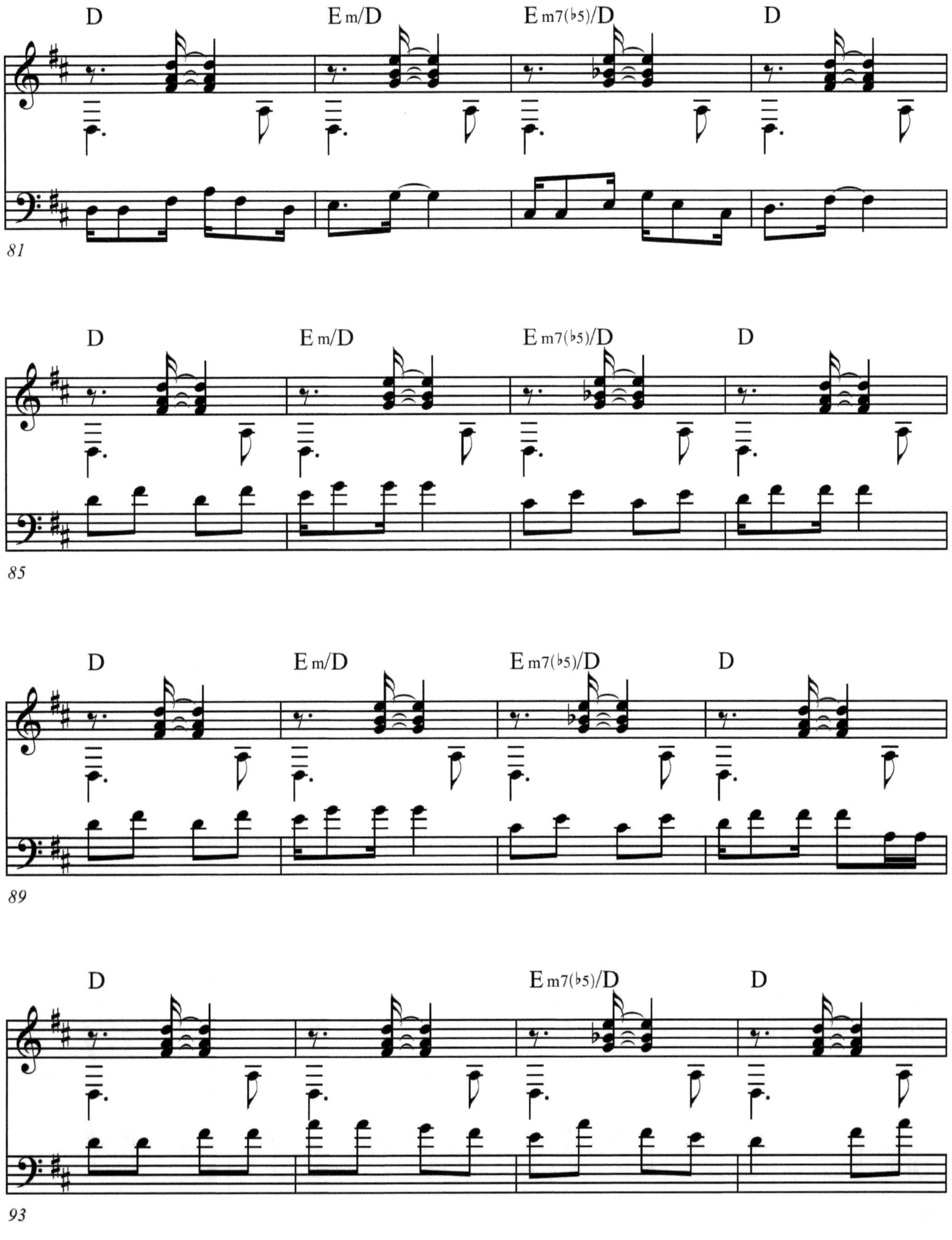
D
Em/D
Em7(b5)/D
D
81
D
Em/D
Em7(b5)/D
D
85
D
Em/D
Em7(b5)/D
D
89
D
Em7(b5)/D
D
93

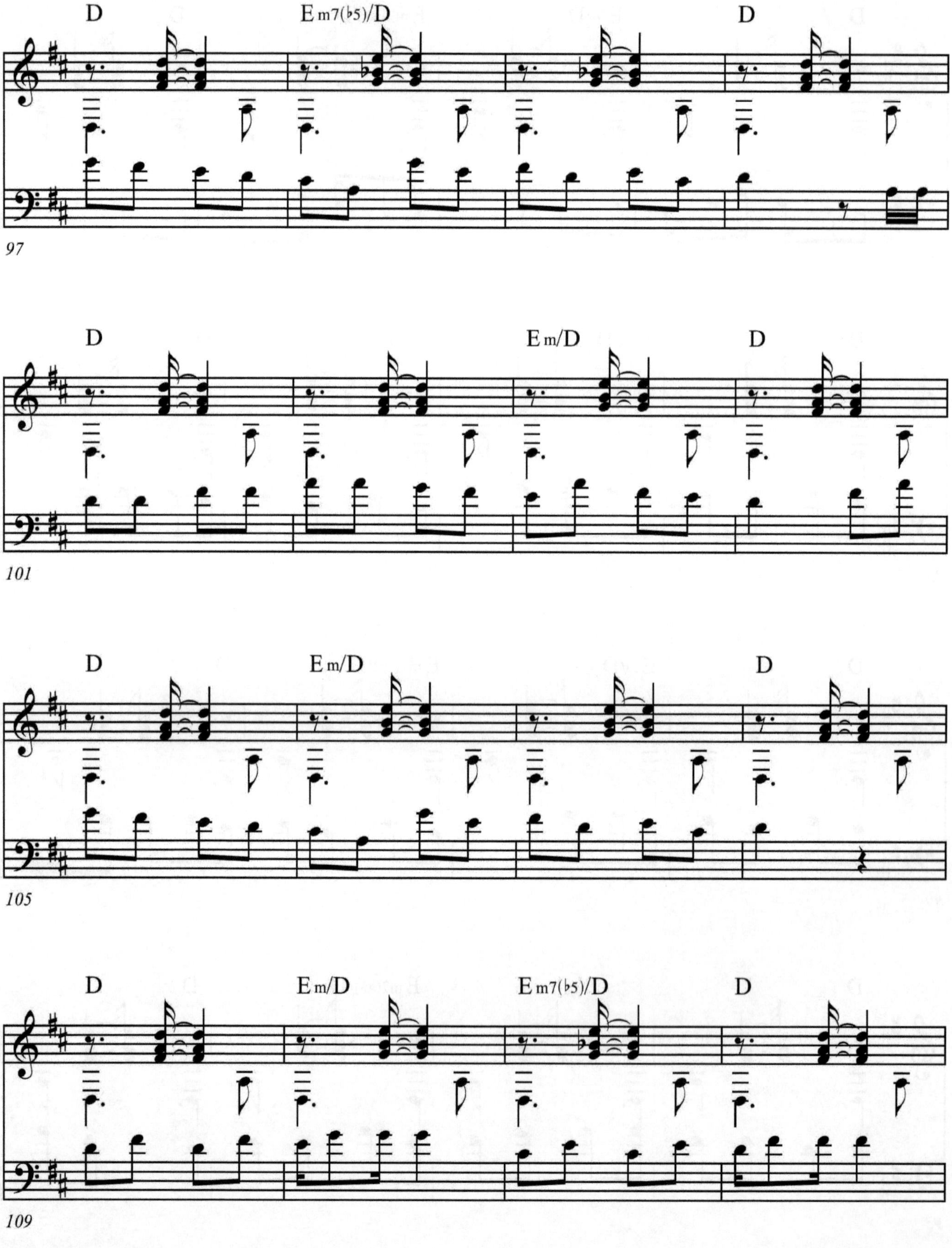
D
Em7(♭5)/D
D
97
D
Em/D
D
101
D
Em/D
D
105
D
Em/D
Em7(♭5)/D
D
109

D
Em/D
Em7(♭5)/D
D
113
D
Em/D
Em7(♭5)/D
D
117
D
Em/D
Em7(♭5)/D
D
121
D
Em/D
Em7(♭5)/D
D
125

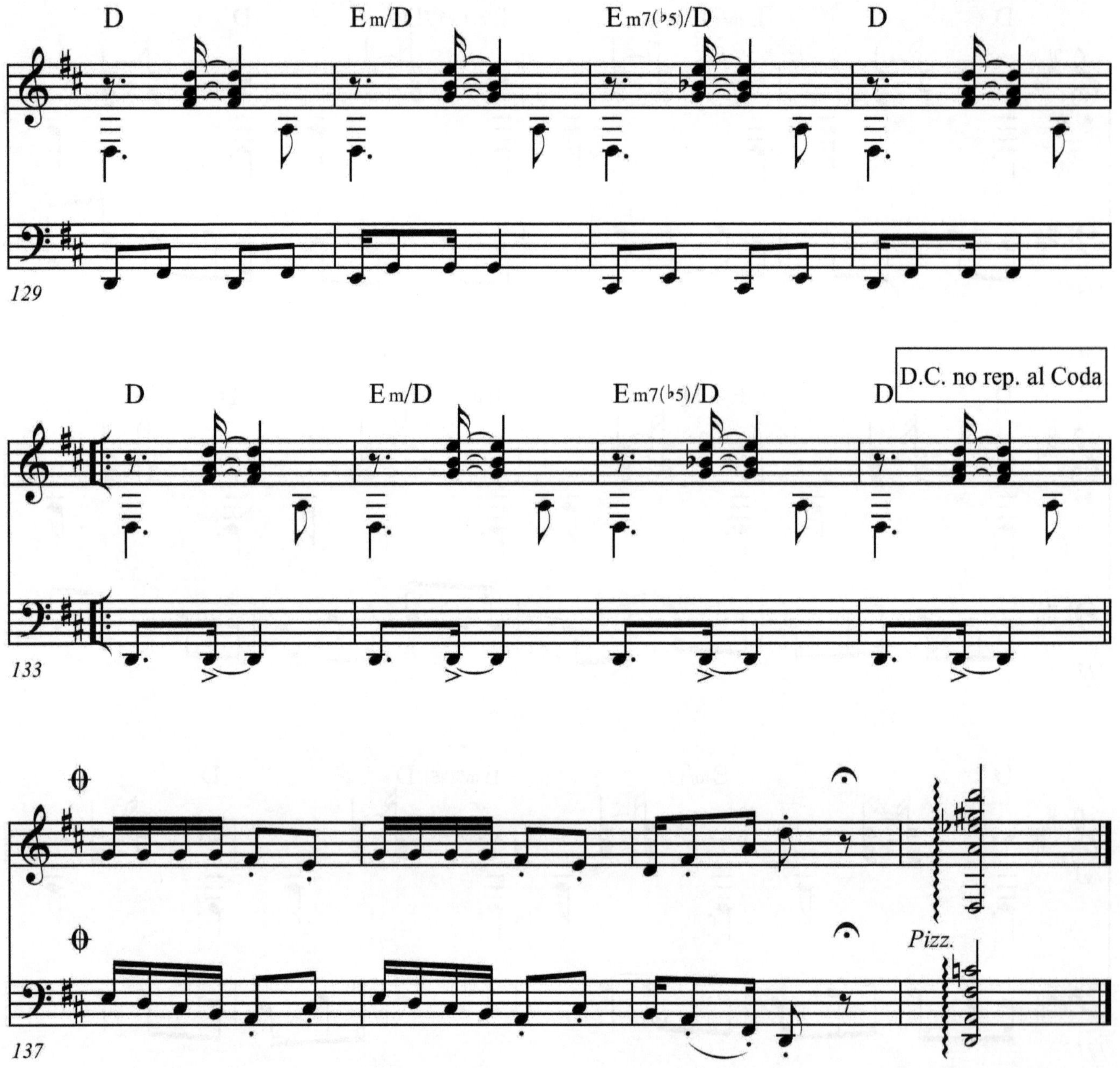
D
Em/D
Em7(♭5)/D
D
129
D
Em/D
Em7(♭5)/D
D
D.C. no rep. al Coda
133
Pizz.
137

AS ROSAS NÃO FALAM (Angenor "Cartola" de Oliveira)

A canção "As rosas não falam", de Cartola, pode ser considerada, sem dúvida, um clássico da música popular brasileira. Cartola, ou Angenor de Oliveira como era seu nome de batismo, é conhecido, sobretudo, como fundador e um dos maiores nomes da escola de samba Estação Primeira de Mangueira. Apesar disso, e mesmo tendo sido um dos compositores mais influentes no gênero do samba-enredo, característico da tradicão das escolas de samba, é no gênero samba-canção que ele se faz reconhecer como um dos grandes melodistas da música brasileira. A expressividade dos sambas lentos de Cartola tem em "As rosas não falam" um de seus mais belos exemplos e foi por isso, talvez, que surgiu com naturalidade a "esquina" entre a coda do arranjo dessa peça e a introdução da "Melodia sentimental" de Villa-Lobos. E como se diz, "uma coisa leva à outra", Villa-Lobos nos remete a Bach, e foi assim, nessa "esquina tipicamente brasileira", por associação, que de repente surgiu em Sol menor a figura do prelúdio da 1ª suíte (BWV 1007) do mestre alemão no compasso 66 do contraponto do violoncelo.

"As rosas não falam" ("The roses do no speak") of Cartola, can be considered a "classic" of the Brazilian "popular" music tradition. Cartola, or Angenor de Oliveira, as was his baptismal name, is best known as the founder and one of the most important names at the Samba School "Estação Primeira de Mangueira". However, despite being one of the most influential composers in the genre of "samba enredo", a type of samba characteristic of the samba school's tradition, it is mainly in the genre "samba-canção" that we can recognize him as one of the great melodists of Brazilian music. The expressiveness of the slow sambas by Cartola has in "As rosas não falam" one of his most beautiful examples. It was maybe therefore that we came naturally to a "corner" between the coda of the arrangement of this piece and the introduction of "Melodia sentimental" by Villa-Lobos. And as they say, "one thing leads to another", Villa-Lobos leads to Bach, and by association, all of a sudden, in this typical "Brazilian corner", emerged in g minor the figure of the Prelude from the 1st Suite (BWV 1007) by the German master at bar 66 of the cello counterpoint.

AS ROSAS NÃO FALAM

Transcrição - *Transcription*

Cartola

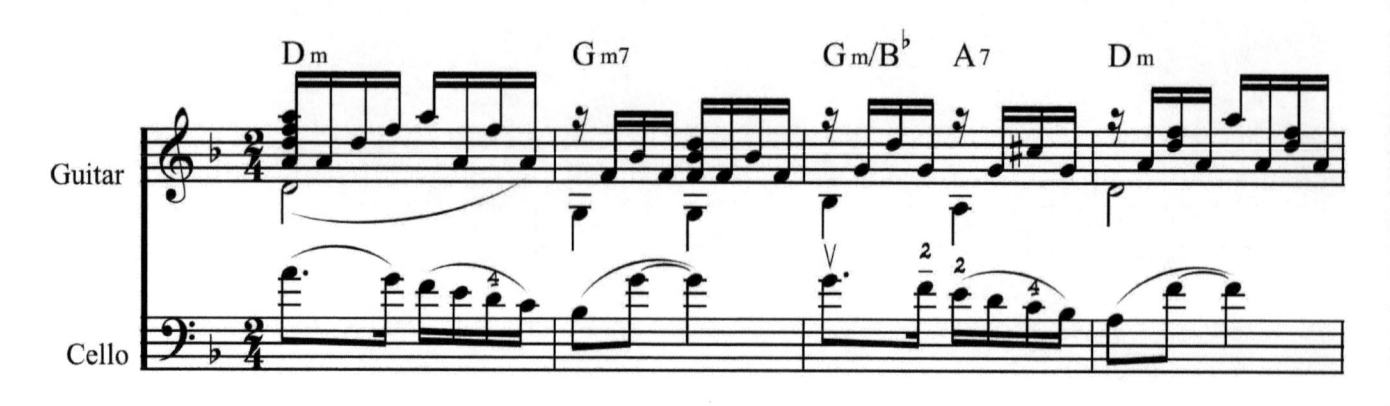

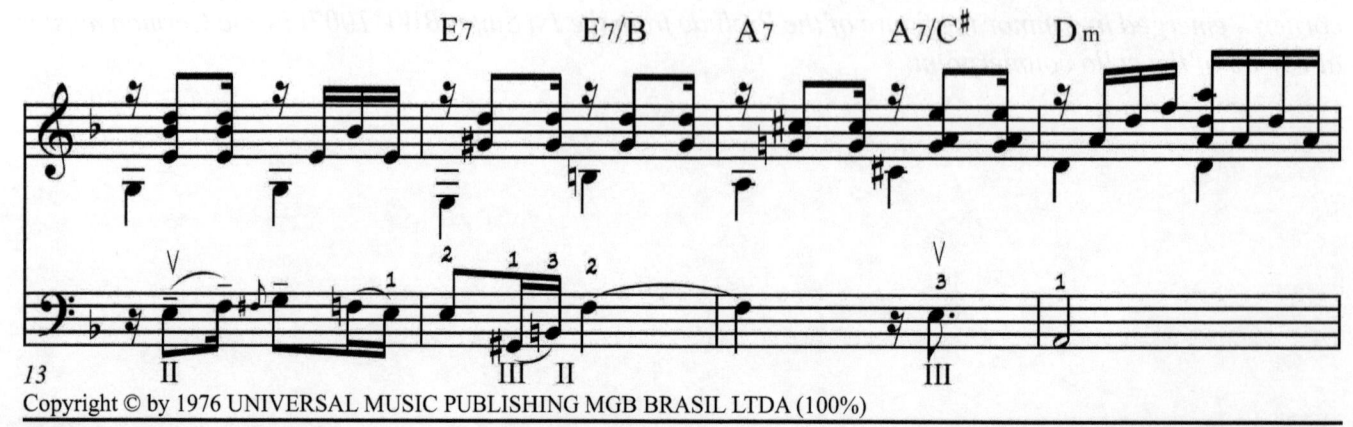

Música brasileira para violoncelo e violão - *Brazilian music for cello and guitar*

A7 G/B A/C♯ Dm Gm6
33
E7 E7/B A7 Dm
37
Dm Gm6 Gm/B♭ A7 Dm
41
Dm Dm/C E7/B A7 Dm
Rit.
45

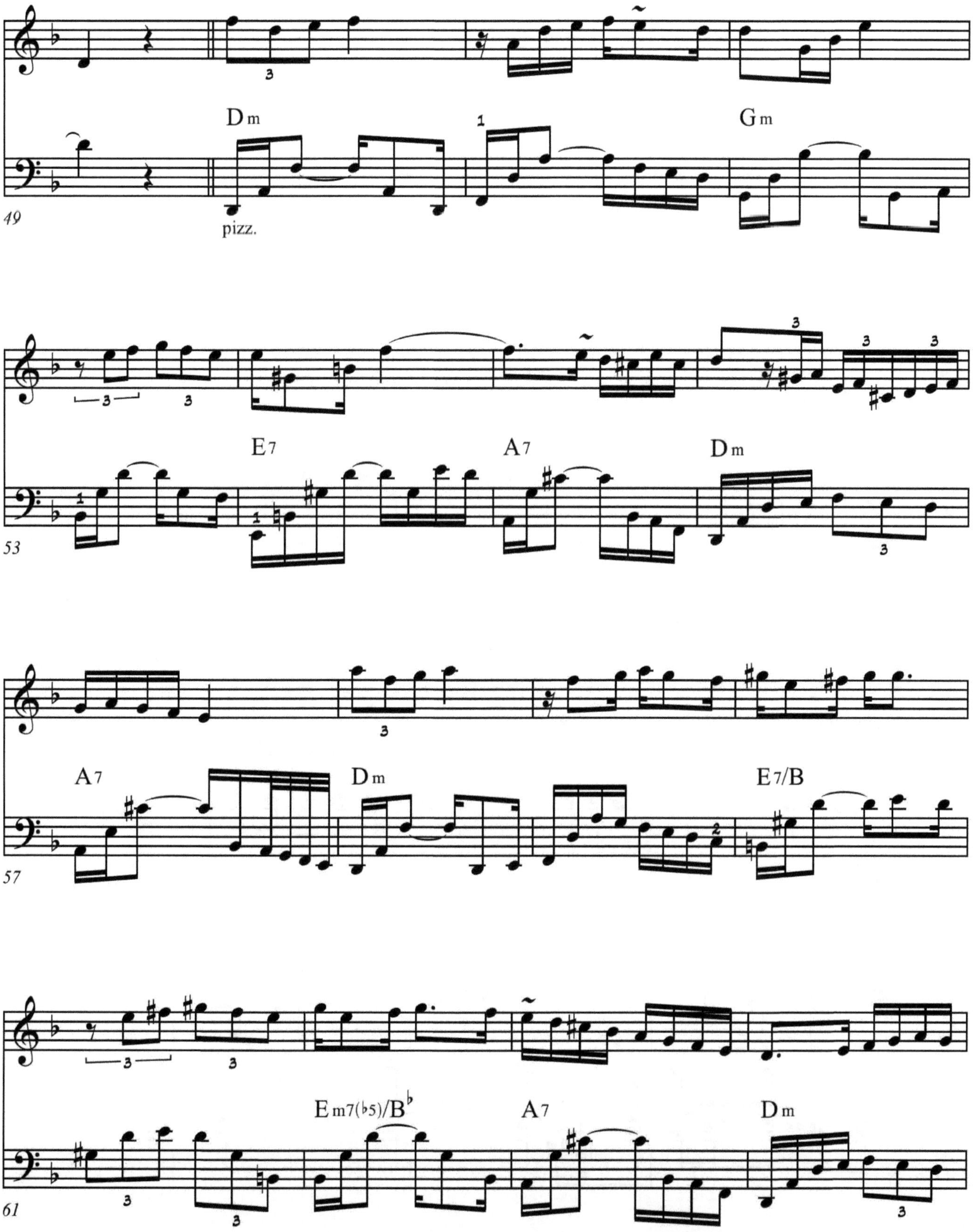
49
Dm
pizz.
Gm
53
E7
A7
Dm
57
A7
Dm
E7/B
61
Em7(b5)/Bb
A7
Dm

D7(♭9)
Gm
G♯dim
Dm/A
65
B♭
E7/B
Em7(♭5)
69
Dm
Gm6
A7
Arco
73
E7
E7/B
A7
A7/C♯
Dm
77

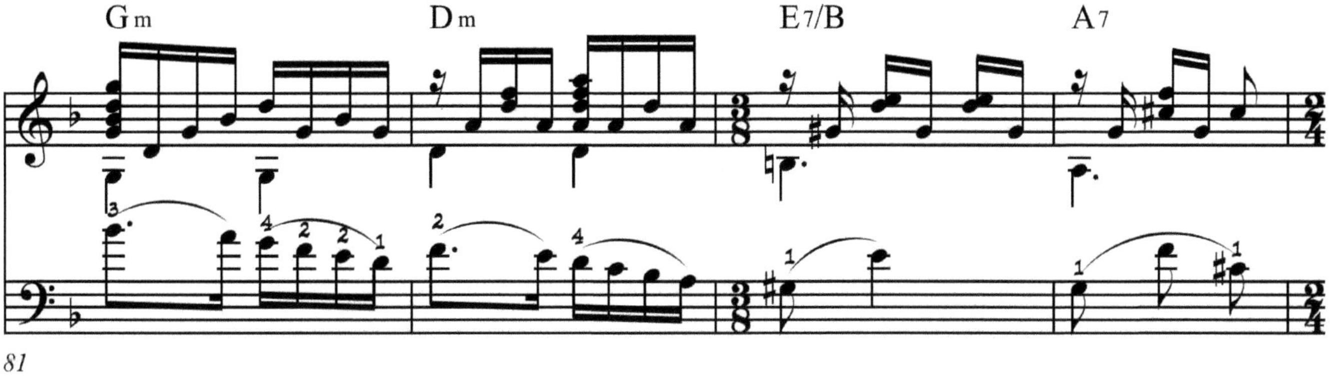
Gm
Dm
E7/B
A7
81

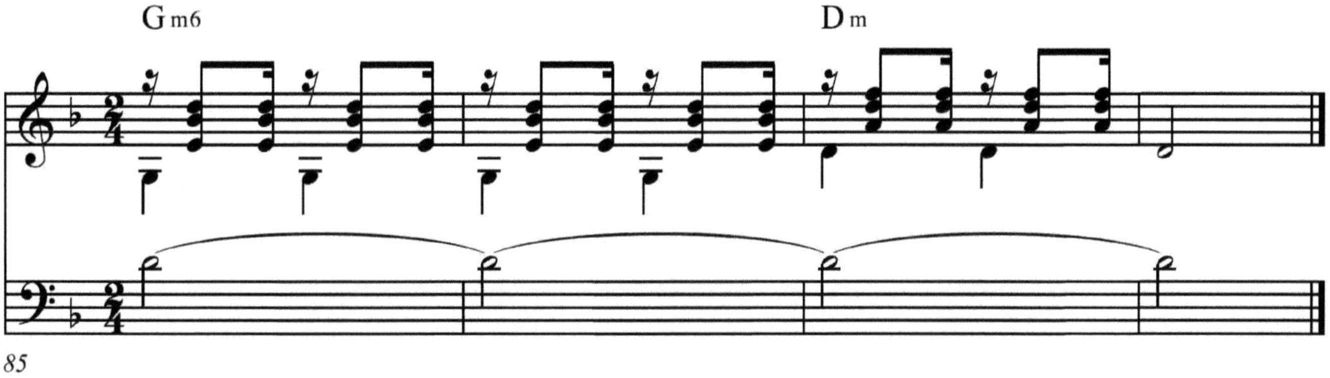
Gm6
Dm
85

NAQUELE TEMPO (Alfredo "Pixinguinha" da Rocha Viana Filho e Benedito Lacerda)

Alfredo "Pixinguinha" da Rocha Viana Filho (1898-1973), mais conhecido como Pixinguinha, ocupa uma posição muito especial na música brasileira. O seu nome é associado fortemente à tradição do choro, mas sua influência se faz sentir num âmbito ainda muito maior e talvez esta seja uma das razões porque ele é, muitas vezes, chamado carinhosamente pelos músicos brasileiros de "São" Pixinguinha. Ainda jovem, como membro do grupo Os 8 Batutas, se afirmou como compositor e grande virtuose da flauta, mas foi mais tarde, depois de começar a se apresentar como saxofonista, que Pixinguinha talvez tenha deixado um de seus legados mais criativos. Tocando ao lado do flautista Benedito Lacerda os contrapontos que criou ao saxofone, improvisando uma segunda voz melódica dentro do regional, abriram toda uma camada nova de improvisação e marcaram profundamente a forma como se toca o choro desde então. "Naquele tempo" nos dá um exemplo interessante desse desenvolvimento e basta ouvir a gravação de 1947, com Pixinguinha e Lacerda, ao lado da gravação mais antiga, feita em 1934 com Luperce Miranda, para se entender a dimensão desse legado de Pixinguinha. No nosso arranjo, abstraímos ainda mais essa ideia do mestre, isolamos o contraponto que ele mesmo fez na gravação de 1947, adicionamos algumas ideias e acabamos com algo que estranhamente nos lembra muito uma invenção a duas vozes de J.S. Bach!

Alfredo da Rocha Viana Filho (1898-1973), better known as Pixinguinha, occupies a very special position in Brazilian music. His name is mainly associated with the tradition of the "Choro", but his influence is felt in a context much larger still, and maybe that is one of the reasons why he is affectionately often called by Brazilian musicians as "Saint" Pixinguinha. At an young age, as a member of the group "Os 8 Batutas," he became known both as a composer and as a great flute virtuoso, but it was later, after starting to perform with the saxophone, that Pixinguinha might have left some of the most creative moments of his legacy. Playing alongside flutist Benedito Lacerda, the counterpoints which he then created on the saxophone, improvising a second melodic voice within the typical "regional" group, opened a whole new layer of improvisation and marked profoundly the way "Choro" music has been performed ever since. "Naquele tempo" gives us an interesting example of this development. Listen to the 1947 recording with Pixinguinha and Lacerda, alongside the oldest recording of Luperce Miranda, made in 1934, and it will be easy to understand the dimension of this legacy by Pixinguinha. In our arrangement, we have abstracted this idea of the master, by isolating the counterpoint which he himself made in the 1947 recording. We then added a few ideas, and we ended up with something that oddly reminds us of a "Two Voices Invention" by J.S.Bach!

NAQUELE TEMPO

Transcrição - *Transcription*

Pixinguinha e Benedito Lacerda

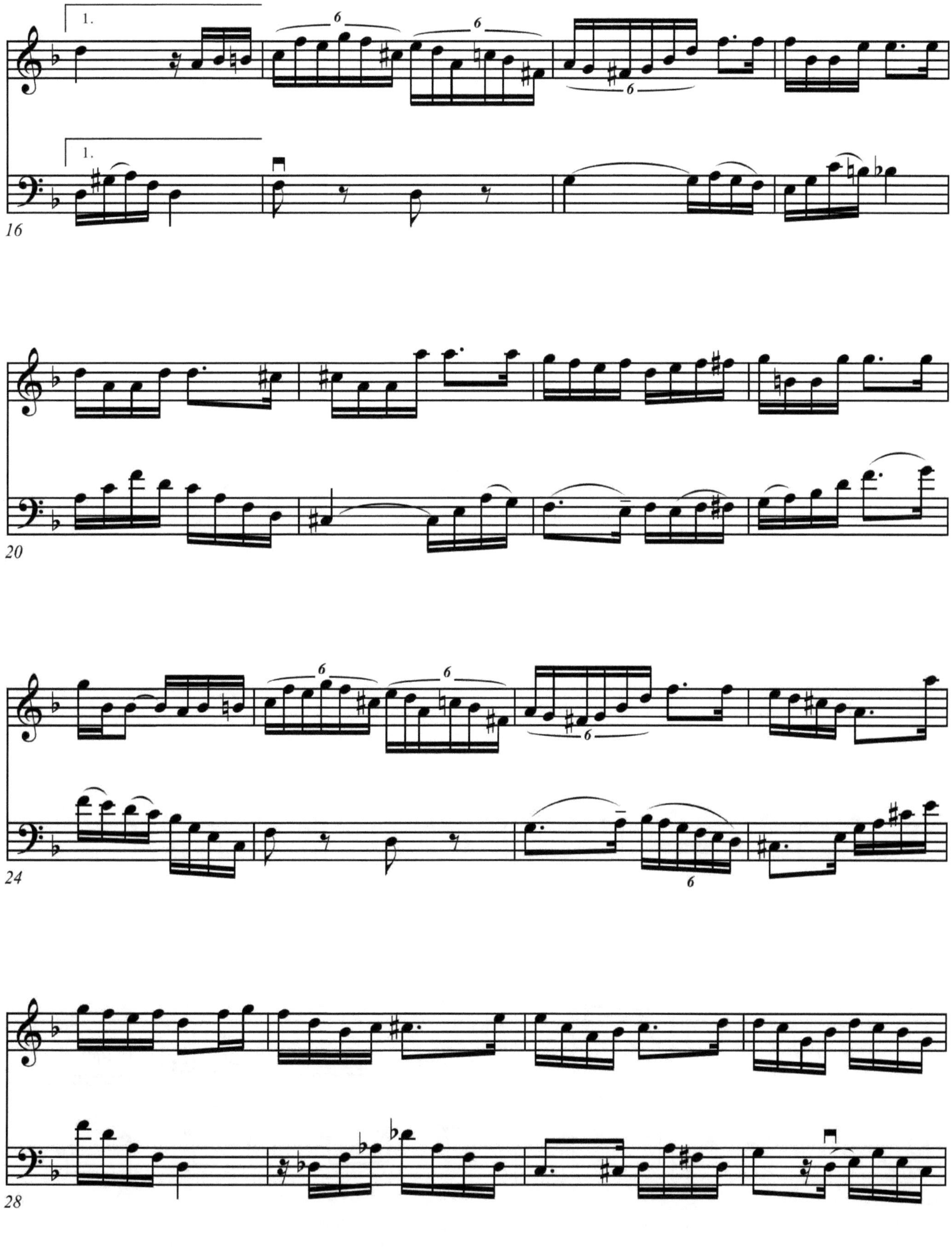
1.
6
6
6
1.
16
20
6
6
6
6
24
28

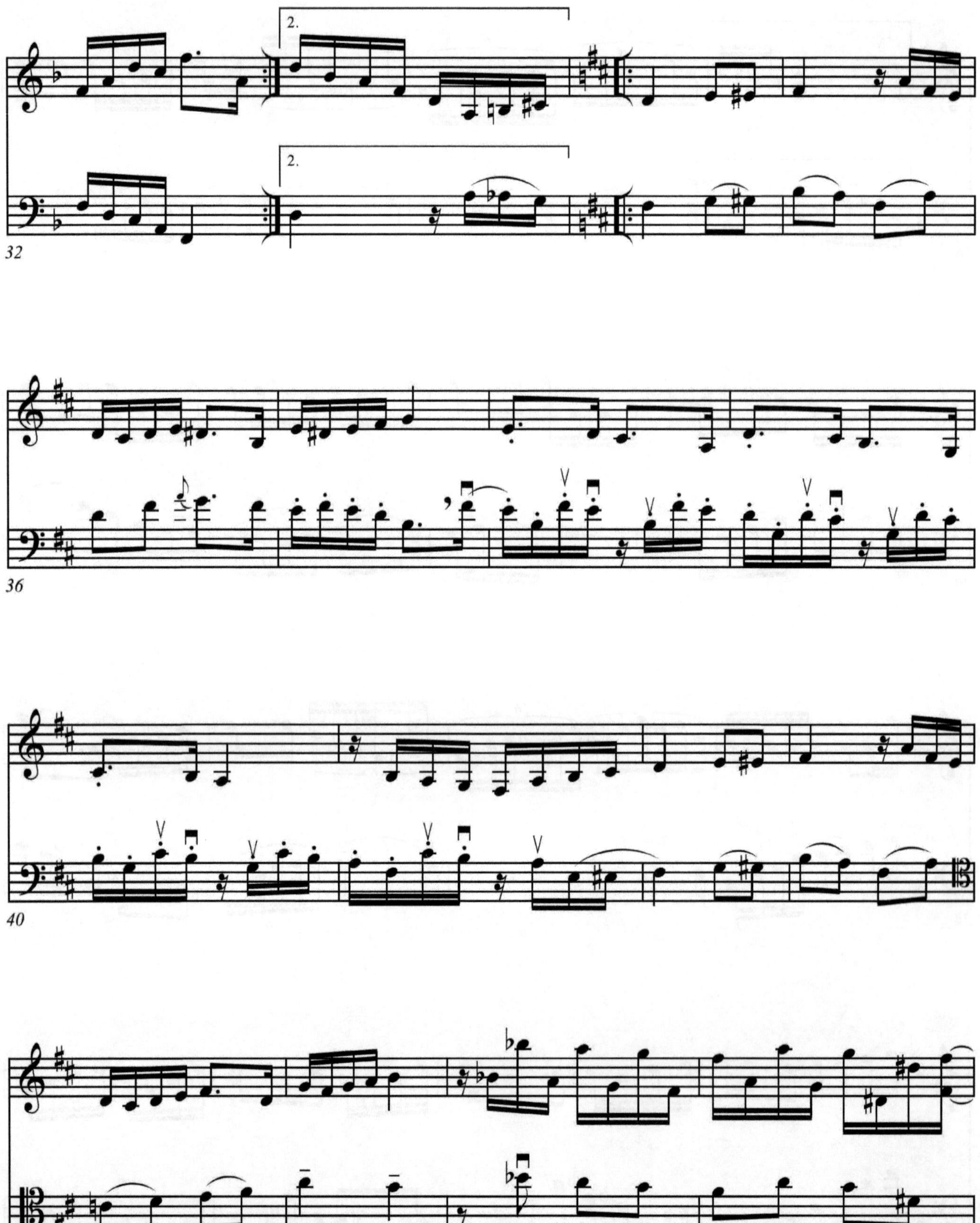
2.
2.
32
36
40
44

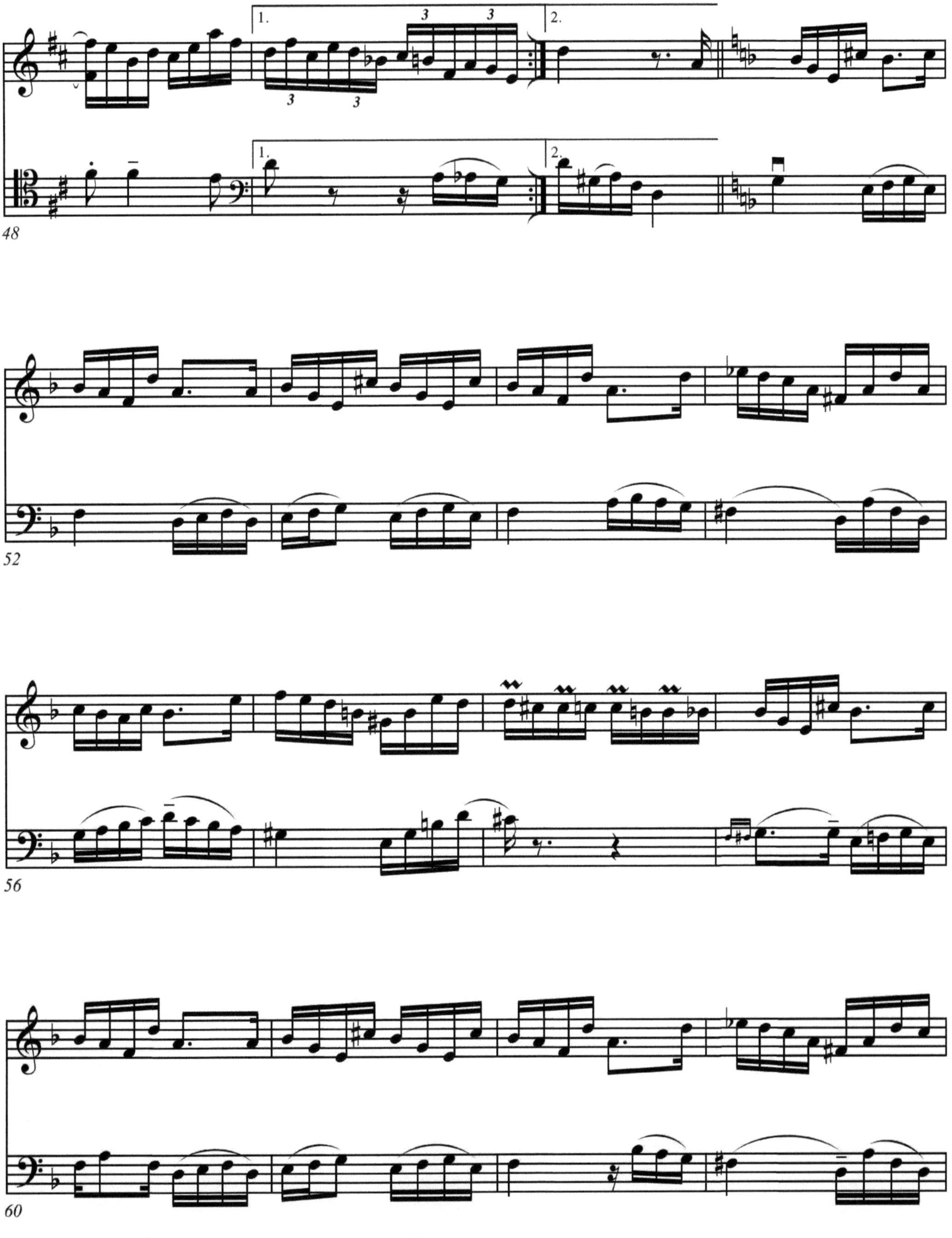
1.
2.
48
52
56
60

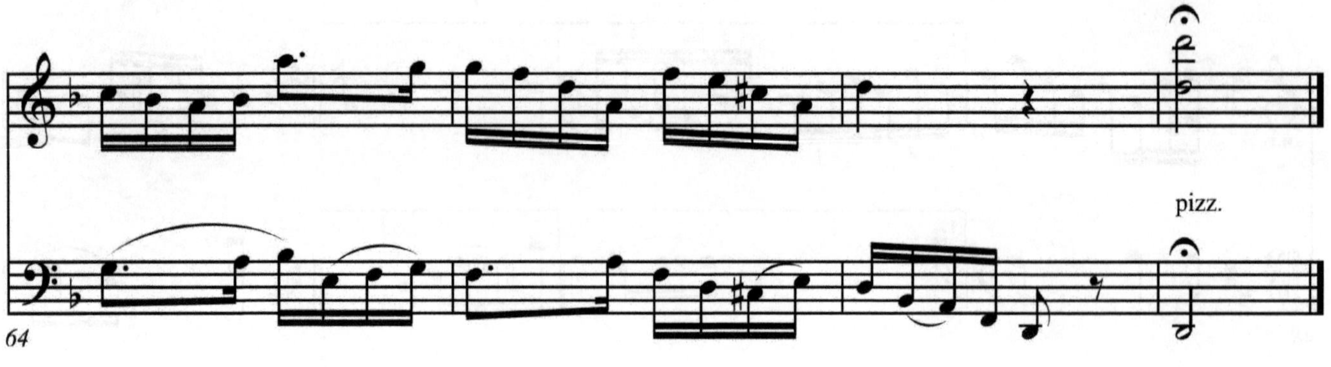
pizz.
64

MELODIA SENTIMENTAL (Heitor Villa-Lobos)

A "Melodia sentimental", de Heitor Villa-Lobos (1887-1959), foi composta originalmente em 1958 para um filme intitulado *Green Mansions,* baseado em um romance de William H. Hudson. Esta canção, com letra de Dora Vasconcelos, foi então, mais tarde, incorporada à cantata "A floresta do Amazonas" e estreada em 1959, em Nova York, sob a regência do compositor e com a soprano Bidú Sayão como solista. Trata-se de uma das melodias mais emblemáticas de Villa-Lobos, tendo sido gravada por grande quantidade de cantores, tanto líricos quanto populares. Destacamos, em especial, a gravação original com Villa-Lobos e Bidú Sayão, e a versão de Djavan na trilha do filme Deus é brasileiro, de Cacá Diegues. Como mencionado na introdução para "As rosas não falam", de Cartola, criamos uma "esquina" no arranjo que fizemos para essas duas peças. No caso da "Melodia sentimental" essa ligação é feita no contraponto a partir do compasso 44, quando a canção de Cartola é citada pelo violoncelo.

The "Melodia sentimental" by Heitor Villa-Lobos (1887-1959), also known in English as "Love Song", was originally composed in 1958 for a movie called "Green Mansions", based on a novel by William h. Hudson. This song, with lyrics by Dora Vasconcelos, was then later incorporated into the cantata "A Floresta do Amazonas" (The forest of the Amazon), and premiered in 1959 in New York City, under the baton of the composer and with soprano Bidú Sayão as the soloist. This is one of the most emblematic melodies of Villa-Lobos, and has been recorded by many singers, both "lyric" as well as "popular" ones. We highlight in particular the original recording with Villa-Lobos and Bidú Sayão, and the version by the singer Djavan for the soundtrack of the film "Deus é brasileiro" (God is Brazilian) by Cacá Diegues. As already mentioned in the introduction to "As rosas não falam" by Cartola, here we have create a "corner" in the arrangements that we made for these two pieces. In the case of "Melodia Sentimental" this connection is made in the counterpoint starting at bar 44, where Cartola's song is quoted by the cello.

MELODIA SENTIMENTAL
Transcrição - *Transcription*

H. Villa-Lobos

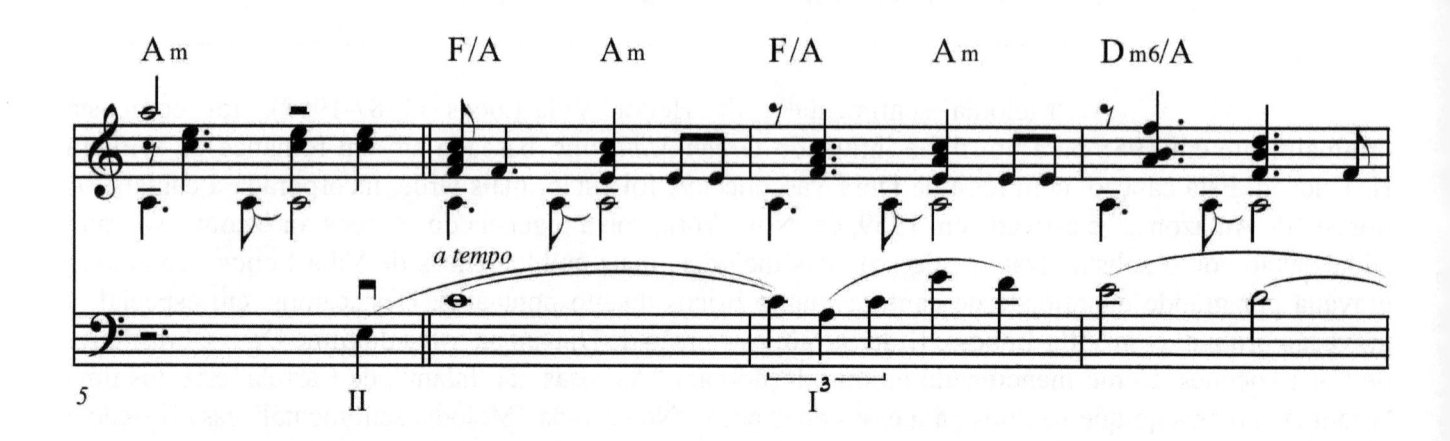

E7(♭9) A9 Am Em6 C7(♯11)/E B7(♭9)
17
E7(♭9) F/A Am F/A Am
21
II
Dm6 G9 G7 G9 G7
25
C6 C C6 C F6
29

Bm7(♭5)
E7(♭9)
33
Am
Ammaj7
Am
Ammaj7
Dm
Am/E
37
Dm6/A
Am
Am
rit.
a tempo
pizz.
rit.
41
Dm6/9/A
Dm6/A
Bm7(♭5)
45

E7(♭9)
Am
Ammaj7
Am7
Am6
F#m7(♭5)
49
B7
E7(♭9)
Am
53
Em6
C7(#11)/E
B7(♭13)
E7(♭9)
arco
57
F/A
Am
F/A
Am
Dm6
61

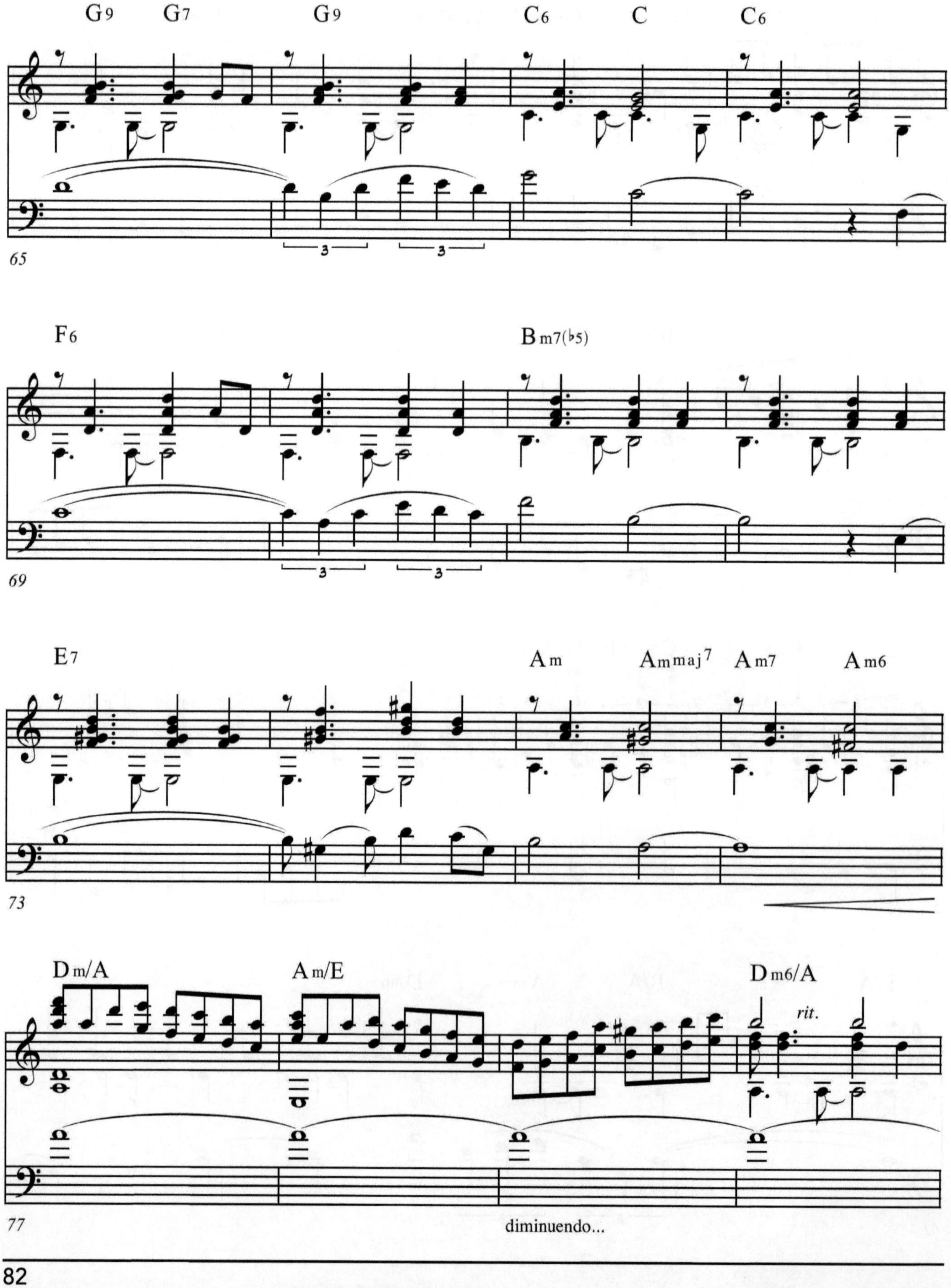
G9
G7
G9
C6
C
C6
65
F6
Bm7(♭5)
69
E7
Am
Ammaj7
Am7
Am6
73
Dm/A
Am/E
Dm6/A
rit.
77
diminuendo...

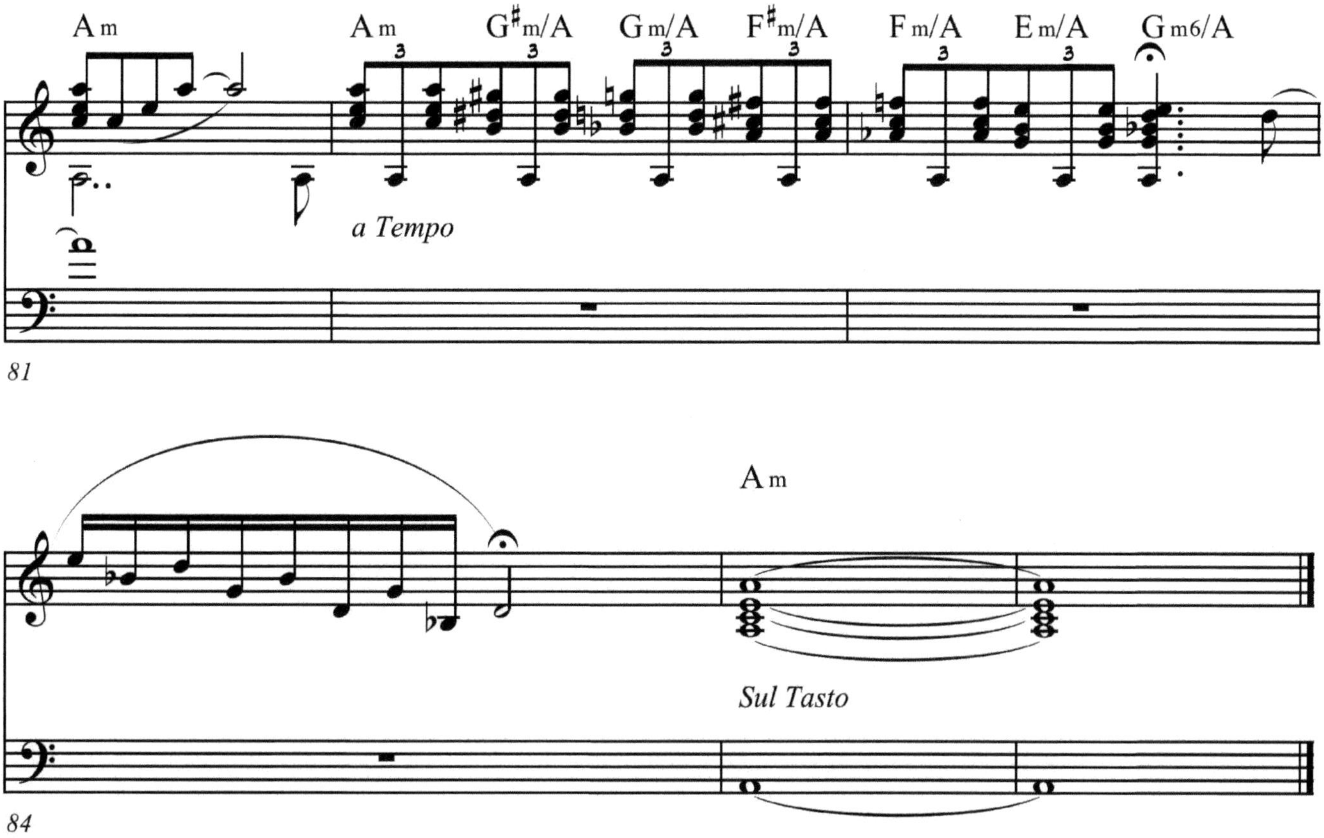
Am
Am
G♯m/A
Gm/A
F♯m/A
Fm/A
Em/A
Gm6/A
3
a Tempo
81
Am
Sul Tasto
84

3 PEQUENAS VALSAS ROMÂNTICAS (Tullio Tavares)

Tullio Tavares (1921-1995), pai de Gustavo, era pianista diplomado pelo Conservatório de Natal, mesma cidade onde nasceu. Mudou-se para Recife em 1937, onde teve contato com membros da Jazz Band Acadêmica e da Orquestra da Rádio, e se desenvolveu também na música popular e na improvisação. São dessa época suas primeiras composições, várias delas já integrando elementos de música popular. De família de músicos e reconhecido como camerista, ele teve, por vários anos, um trio com os irmãos Carlos e Mario, assim como um duo com o reconhecido violoncelista Aldo Parisot. No fim dos anos 1940, em São Paulo, já formado em direito, integrou-se a um grupo de músicos e poetas que frequentava o chamado Clubinho dos Arquitetos, e se tornou parceiro de Inezita Barroso e Paulo Vanzolini. Nos anos 1970, depois de passar um tempo no Rio de Janeiro e se mudar posteriormente para Brasília, participou do chamado Clube do Choro e se tornou amigo, entre outros, de Avena de Castro. Nessa época, Tullio Tavares compôs várias miniaturas, inclusive seis valsas chamadas por ele de "pequenas valsas românticas". Dessa série, escolhemos três e fizemos uma pequena suíte. Nesse arranjo, as valsas originalmente escritas em Mi♭ maior, Fá maior e novamente em Fá maior aparecem, respectivamente, nas tonalidades de Dó, Ré e Dó.

Tullio Tavares (1921-1995), Gustavo's father, was a pianist graduated by the Music Conservatory of Natal, the same city where he was born. He moved to Recife in 1937, where he had contact with members of the "Academic Jazz Band" and of the local Radio Orchestra, and developed his knowledge of popular music and improvisation. His first compositions are from around this time, many of them already incorporating elements of popular music. From a family of musicians, and recognized as a fine chamber music player, he had for several years a trio with his brothers, Carlos and Mario, as well as a duo with the noted cellist Aldo Parisot. At the end of the 40's, already in São Paulo, and after graduating as a lawyer, he joined a group of musicians and poets who attended the socalled "Clubinho dos Arquitetos" (Little Club of Architects), and became partner of both Inezita Barroso and Paulo Vanzolini. In the 70's, after spending time in Rio de Janeiro, he moved to Brasília, where he took part in the meetings of the so-called "Clube do Choro" and became friends with, among others, Avena de Castro. At that time, Tullio Tavares composed several miniatures, including 6 waltzes which he called "small romantic waltzes". From this series we choose 3 and made a small suite. For this arrangement, we transposed the 3 waltzes in C major, D major and C major, while in the original versions they were composed in Eb, F, and again F.

3 PEQUENAS VALSAS ROMÂNTICAS
Transcrição - *Transcription*

Tullio Tavares

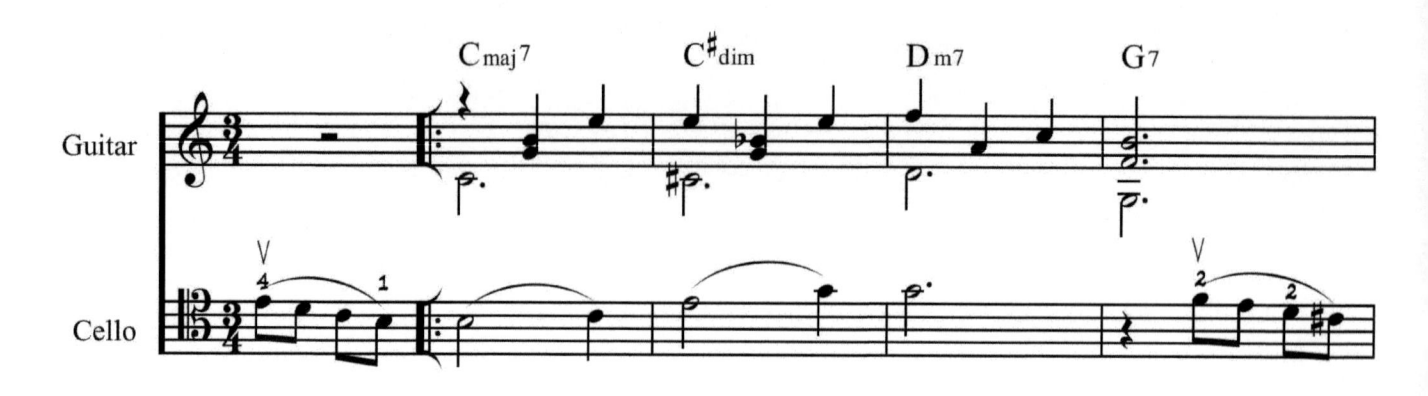

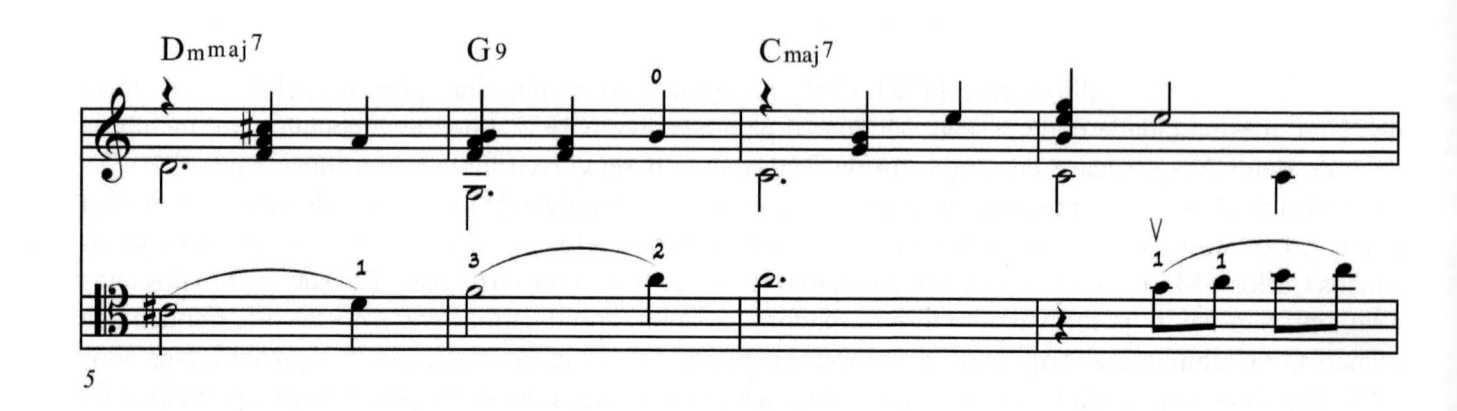

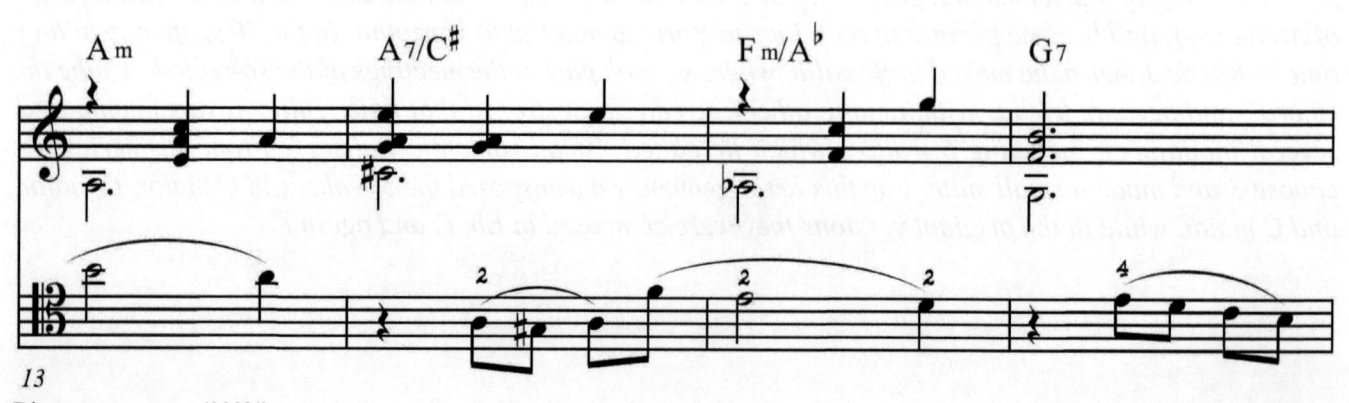

Música brasileira para violoncelo e violão - *Brazilian music for cello and guitar*

Dmaj7
Fdim
Em7
A7
34
Em7
A7
A/G
D/F#
Fdim
Em7
A7
39
Dmaj7
B7
Em7
Em
43
C#m7(b5)
F#7
Bm
A7
47

Dmaj7
Fdim
Em7
A7
51
Em7
A7
F#m7(♭5)/C
B7
55
Em
Em7(♭5)/B♭
D/A
B7
59
E7
A7
D
63

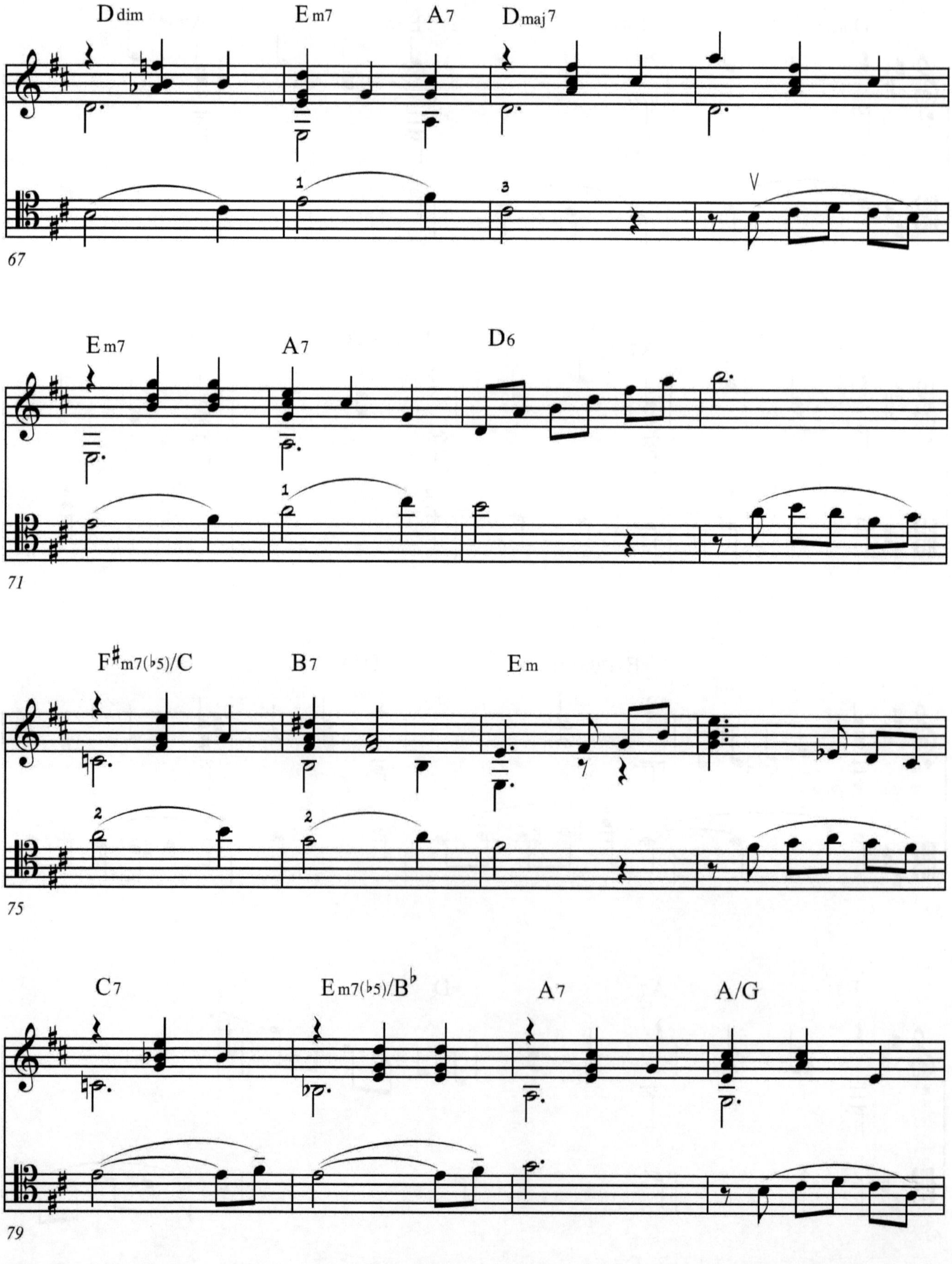
Ddim
Em7
A7
Dmaj7
67
Em7
A7
D6
71
F#m7(♭5)/C
B7
Em
75
C7
Em7(♭5)/B♭
A7
A/G
79

D dim
E m7
A 7
D maj 7
83
F♯m7(♭5)/C
B 7
E m
Rit.
87
E m7(♭5)/B♭
E m
D/A
D
harm.
Rit.
harm.
91
E m7
A 7
D
a Tempo
95

Cmaj7
C♯dim
Dm7
G7
a Tempo
99
Am
D7
Dm
104
Em7(♭5)/B♭
A7
Dm7
A7/E
108
Dm/F
Dm7(♭5)/A♭
G7
112

Música brasileira para violoncelo e violão - *Brazilian music for cello and guitar*

C4
E♭dim
Dm7
G7
132
Dm7
G7
G/F
C/E
A7
136
Dm
Fm/A♭
C/G
A7
ritenuto
(prima volta a tempo)
140
1.
Dm
Fm/A♭
G7
C
144

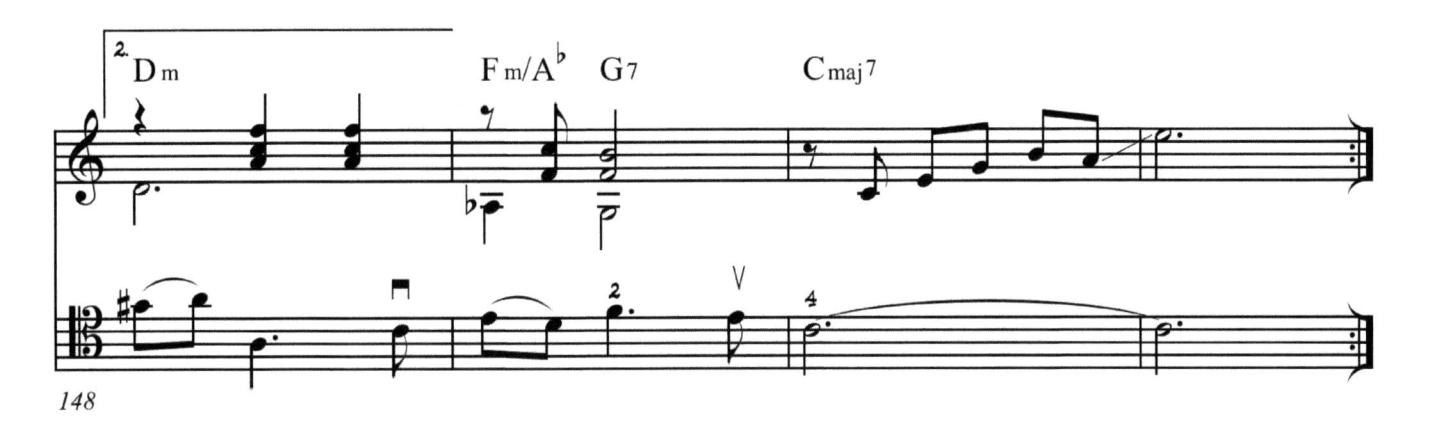

58
Bm
E7/G#
A
Bm
A/E
65
E7
Am
E7/B
Am/C
72
Am/E
A7/C#
A7/E
Dm/F
Dm
Bm7(b5)
Am/C
80
Am
B7
B7/D#
E
87
Dm
Bm7(b5)
Am/C
96
Am
E7/B
103
Am/C
Am/E
A7/C#
A7/E
Dm/F
Dm
Bm7(b5)
110
Am/C
B7/F#
E7
Am

CHICO BORORÓ NO SAMBA
Parte para Violão - Guitar Part

Gustavo Tavares e Nelson Faria

Aadd 9/C#
Cdim(♭13)
B6
B♭m7(♭5)
Amaj9
G#7(♭13)
C#m7
B7
E6 9
E/D
A/C#
Amaj9
B/A
G#m7
C#m7
F#13
B9
E6 9
E/D
Aadd 9/C#
D/C
G/B
C/B♭
F/A
G#dim(♭13)
G6
F#m7(♭5)
F6
E7(♭13)
Am7
D.C. al Coda
B(♭9)/A

NA ESQUINA DE MESTRE MIGNONE
Parte para Violão - *Guitar Part*

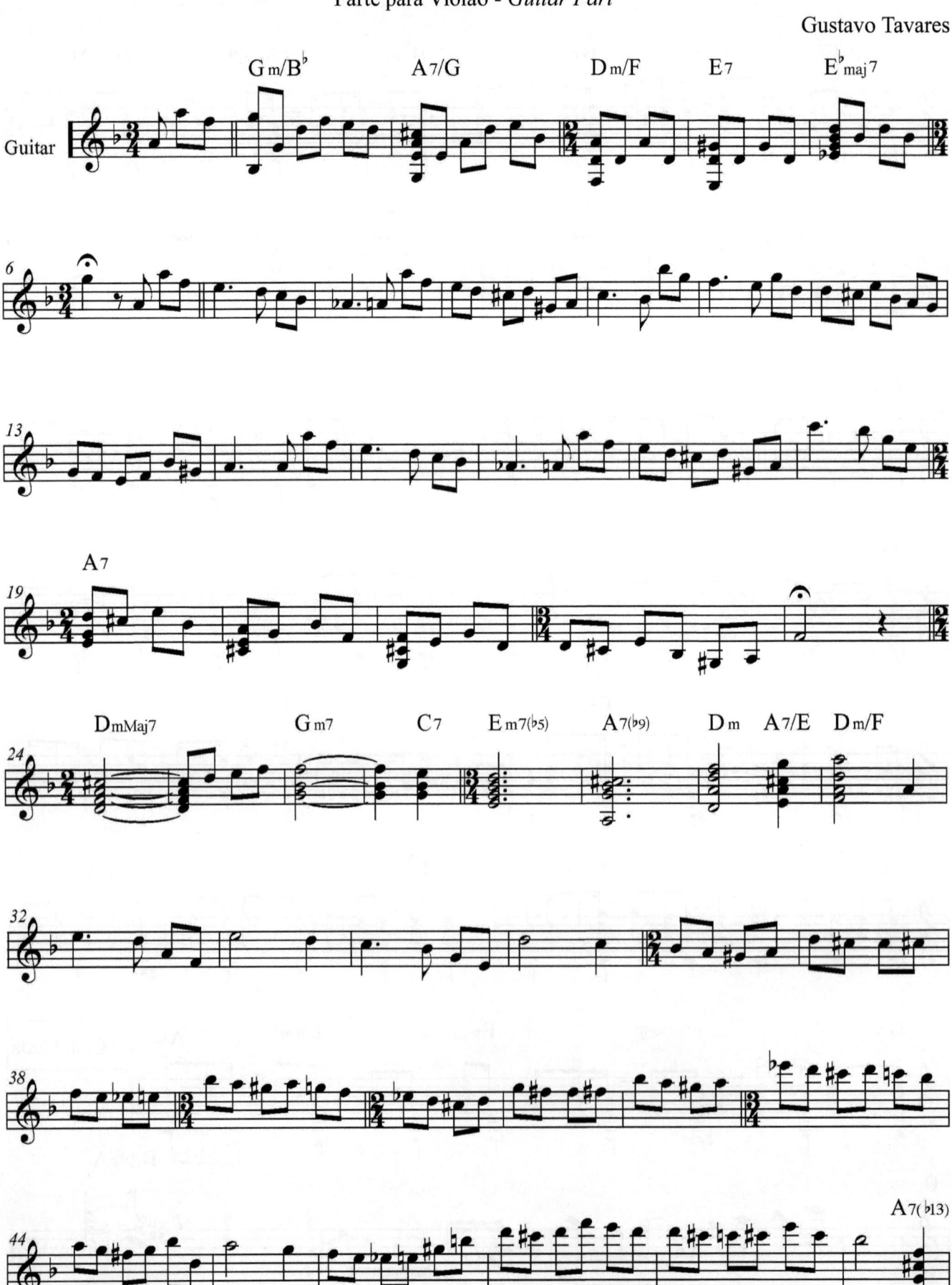

Gustavo Tavares

Música brasileira para violoncelo e violão - Brazilian music for cello and guitar

MEXIDINHO
Parte para Violão - *Guitar Part*

Nelson Faria

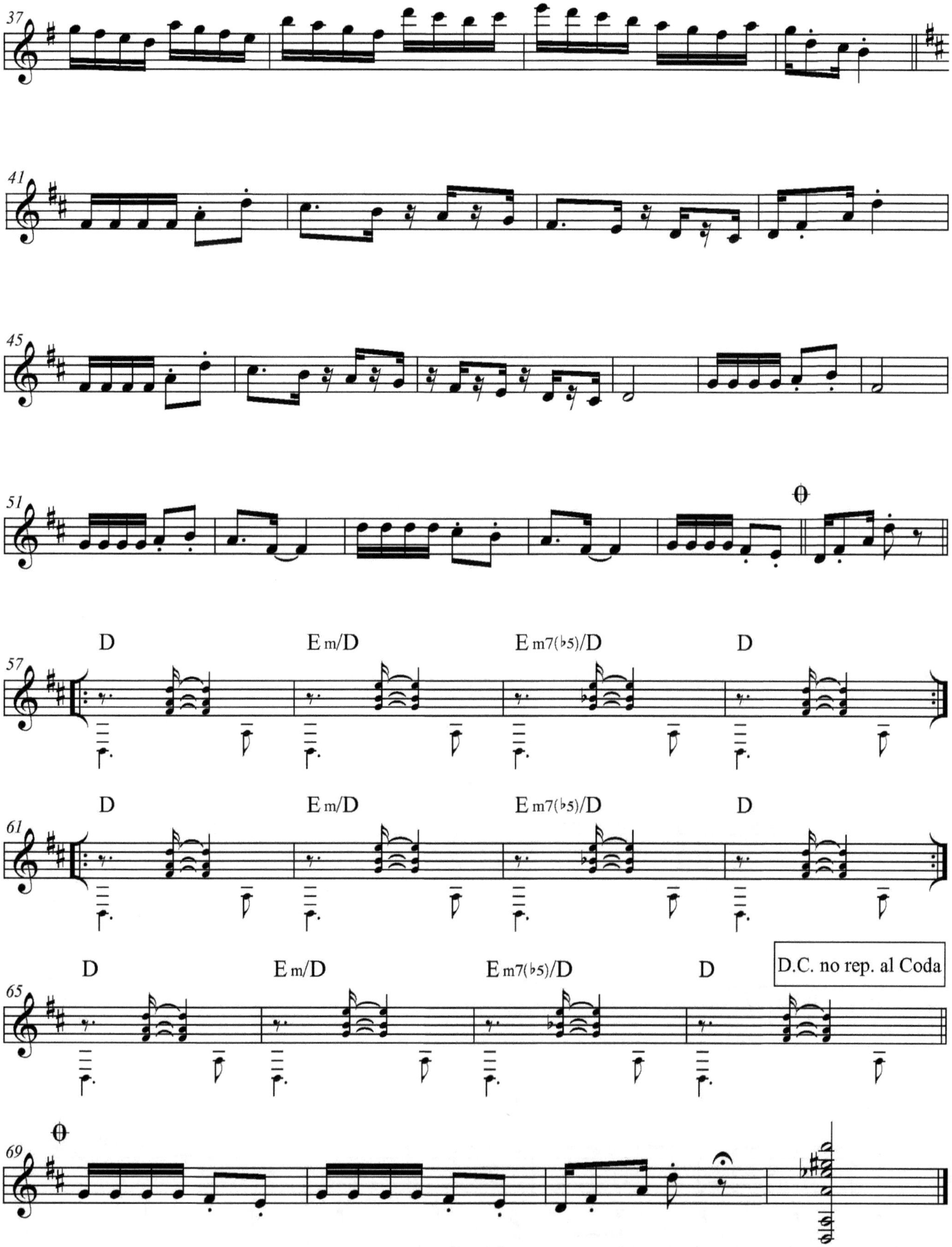
D
Em/D
Em7(♭5)/D
D
D
Em/D
Em7(♭5)/D
D
D
Em/D
Em7(♭5)/D
D
D.C. no rep. al Coda

AS ROSAS NÃO FALAM

Parte para Violão - *Guitar Part*

Cartola

Dm
Gm6
Gm/B♭
A7
Dm
Dm/C
E7/B
A7
Dm
Dm
Gm6
E7
E7/B
A7
A7/C♯
Dm
Gm
Dm
E7/B
A7
Gm6
Dm

NAQUELE TEMPO
Parte para Violão - *Guitar Part*

Pixinguinha e Benedito Lacerda

Música brasileira para violoncelo e violão - *Brazilian music for cello and guitar*

MELODIA SENTIMENTAL
Parte para Violão - *Guitar Part*

H. Villa-Lobos

35
E7(♭9)
Am
Ammaj7
Am
Ammaj7
39
Dm/A
Am/E
Dm6/A
rit.
43
1. Am
a tempo
3
Dm6/A
47
Bm7(♭5)
E7(♭9)
3
3
Am
Ammaj7
51
Am7
Am6
F♯m7(♭5)
3
3
B7(♭9)
55
E7(♭9)
3
3
Am
Am
3
Em6
3
C7(♯11)
3
B7
59
E7(♭9)
2. Am
Am
3
G♯m/A
3
Gm/A
3
F♯m/A
3
63
Fm/A
3
Em/A
3
Gm6/A
Am

3 PEQUENAS VALSAS ROMÂNTICAS
Parte para Violão - *Guitar Part*

Tullio Tavares

53
E m7 A7 E m7 A7 F#m7(b5)/C B7
59
E m E m7(b5)/Bb D/A B7 E7 A7
65
D D dim E m7 A7 D maj 7
71
E m7 A7 D6 F#m7(b5)/C B7
77
E m C7 E m7(b5)/Bb A7
82
A/G D dim E m7 A7 D maj 7 F#m7(b5)/C
88
B7 E m E m7(b5)/Bb E m D/A
94
D E m7 A7 D

99
Cmaj7 C♯dim Dm7 G7 Am D7
106
Dm Em7(♭5)/B♭ A7 Dm7 A7/E
112
Dm/F Dm Dm7(♭5)/A♭ G7 C4 E♭dim Dm7
119
G7 Dm11 G7 C6 C/E E♭dim
126
Dm7 G7 Dm11 G7 Cdim Cmaj7
132
C4 E♭dim Dm7 G7 Dm7 G7 G/F
138
C/E A7 Dm7 Fm/A♭ C/G A7
144
1.
Dm7 Fm/A♭ G7 C
2.
Dm7 Fm/A♭ G7 Cmaj7

DOCE DE COCO

Parte para Violão - *Guitar Part*

Jacob do Bandolim

D/C
D/C
G/B
B♭°
Am9
D7
Gdim
GMaj7
Dsus
D7
G/D
F#(♭9)/D
Dsus
D7
Bm7(♭5)/F
E7
Am
B7
Em7
Em/D
Cm6
Gadd9
E7
Am7
D7

Música brasileira para violoncelo e violão - *Brazilian music for cello and guitar*

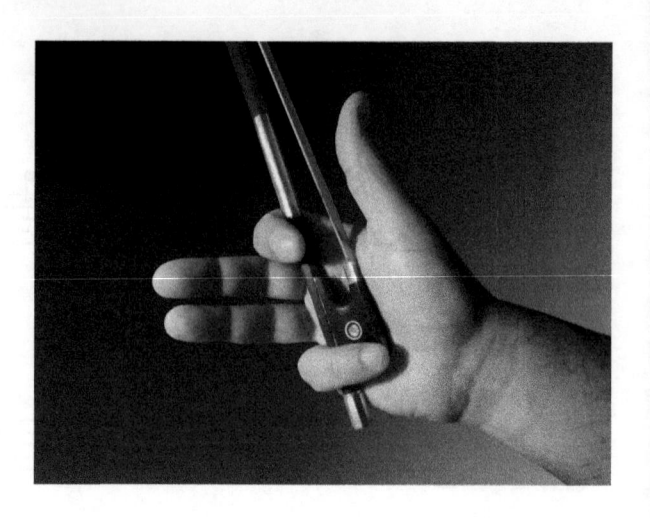

PARTES PARA VIOLONCELO

Existem duas questões, em particular, que são interessantes de mencionar com relação a como tocar as partes de violoncelo neste livro:

1. Arcadas

Importante ressaltar que as arcadas devem ser escolhidas não somente de acordo com as frases musicais, mas também, muitas vezes, com a finalidade de se obter um sentido específico de articulação ou acentuação rítmica. Poderíamos criar uma associação com a maneira que um bandolinista usa a palheta ou como um instrumentista de corda muitas vezes articula em execuções historicamente informadas de música barroca. A transcrição de "Doce de coco" é um bom exemplo de como usar o arco de forma "ritmada" e como certas notas foram ligadas para criar um sentido específico de articulação.

2. *Pizzicato* e acordes

Apesar de comum o *pizzicato* no violoncelo, é raro um violoncelista fazer acompanhamento com acordes, da mesma forma como um violonista, muitas vezes, o faz. Isso é uma pena, pois esse tipo de técnica abre uma série de novas possibilidades para a utilização do violoncelo. Porém, para tocar acordes com três ou quatro notas em *pizzicato* usando padrões rítmicos específicos e intercalando *pizzicato* e arco como, por exemplo, em "Eu quero é sossego" é necessário que o violoncelista modifique um pouco a maneira de segurar o arco. Nesse caso, a fim de obter um bom equilíbrio do arco na mão e ao mesmo tempo ter os dedos suficientemente livres para executar os *pizzicatos*, inclusive o polegar que pode ser usado na "baixaria", sugiro segurar o arco conforme ilustrado nas fotos. Essa não é a técnica "tradicional" e talvez pareça um pouco incomum no início, mas é fácil de aprender e bastante eficaz.

CELLO PARTS

There are two issues in particular which are interesting to mention in regard to playing the cello parts in this book:

1. Bowings
It is important to keep in mind that bowings should be chosen not only according to musical phrasing, but also, and quite often, in order to get a specific sense of articulation or rhythmical accentuation. We could draw a similarity here to how a "bandolim" player uses the plectrum (pick) or how a string player sometimes articulates in historically informed performances of baroque music. The transcription of "Doce de Côco" is a good example of how to use the bow in that "rhythmical" way, and where some notes are slurred in order to create a specific sense of articulation.

2. Pizzicato & chords
Eventhough pizzicato is quite often played on the cello, it is very seldom that a cellist does an accompaniment with chords in a way a guitar player often does. This is quite regreatable because such a technique opens a series of new possibilities for the use of the cello. However, in order to play chords with 3 or 4 notes using specific rhythmic patterns and intercalating pizz and arco, as for example in "Eu quero é sossego", the cellist will need to hold the bow in a slightly different way. In that case, in order to get a good balance of the bow in the hand and, at the same time have enough fingers free to do the plucking, including allowing the thumb to be used for the bass-lines, I suggest to hold the bow as illustrated in the photos. This is not the "traditional way" and it might feel a little unusual in the beginning, but it is easy to learn and quite effective.

EU QUERO É SOSSEGO

Parte para Violoncelo - *Cello Part*

K-Ximbinho e Hianto de Almeida

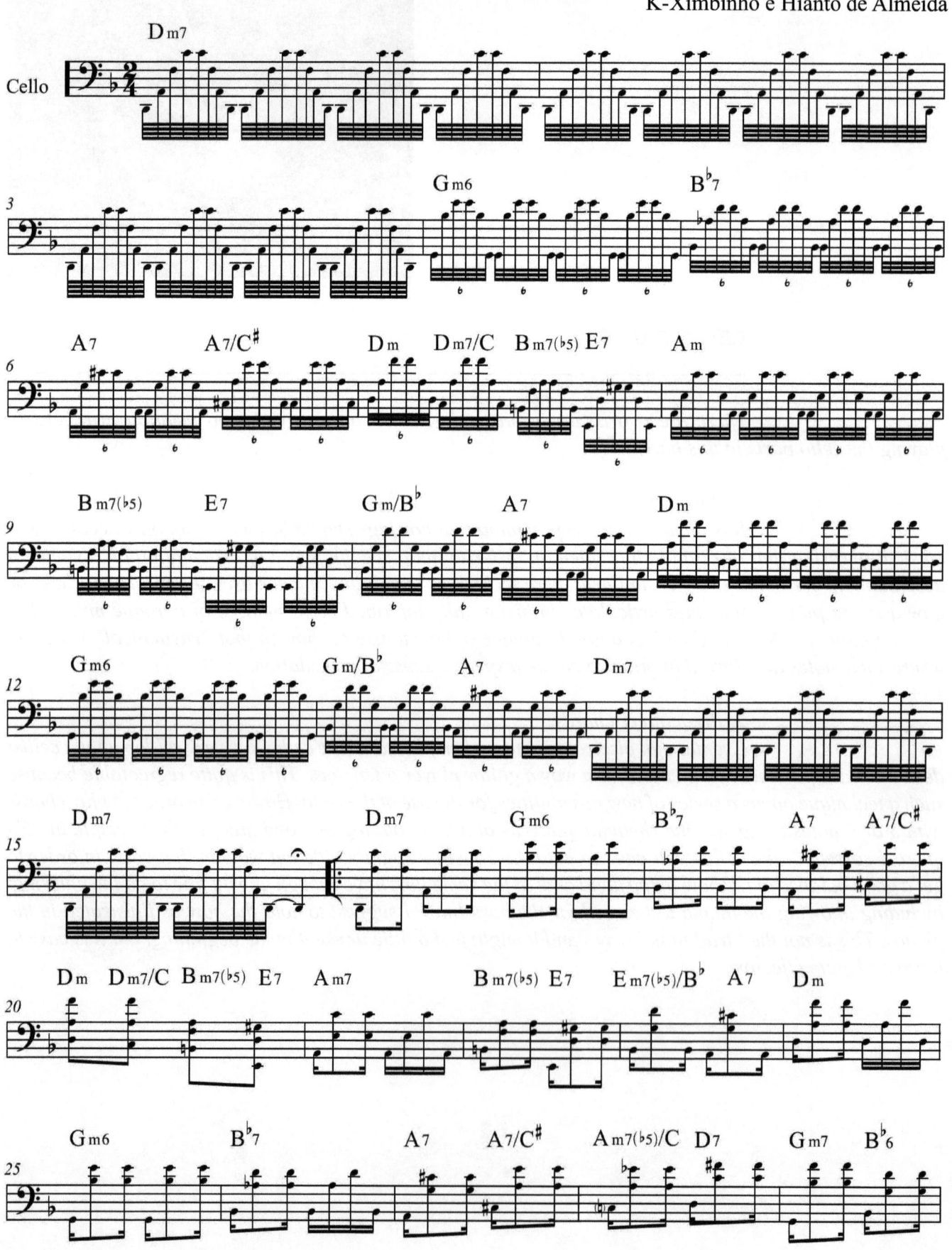

Música brasileira para violoncelo e violão - Brazilian music for cello and guitar

CHORO DE OUTONO
Parte para Violoncelo - *Cello Part*

Gustavo Tavares e Nelson Faria

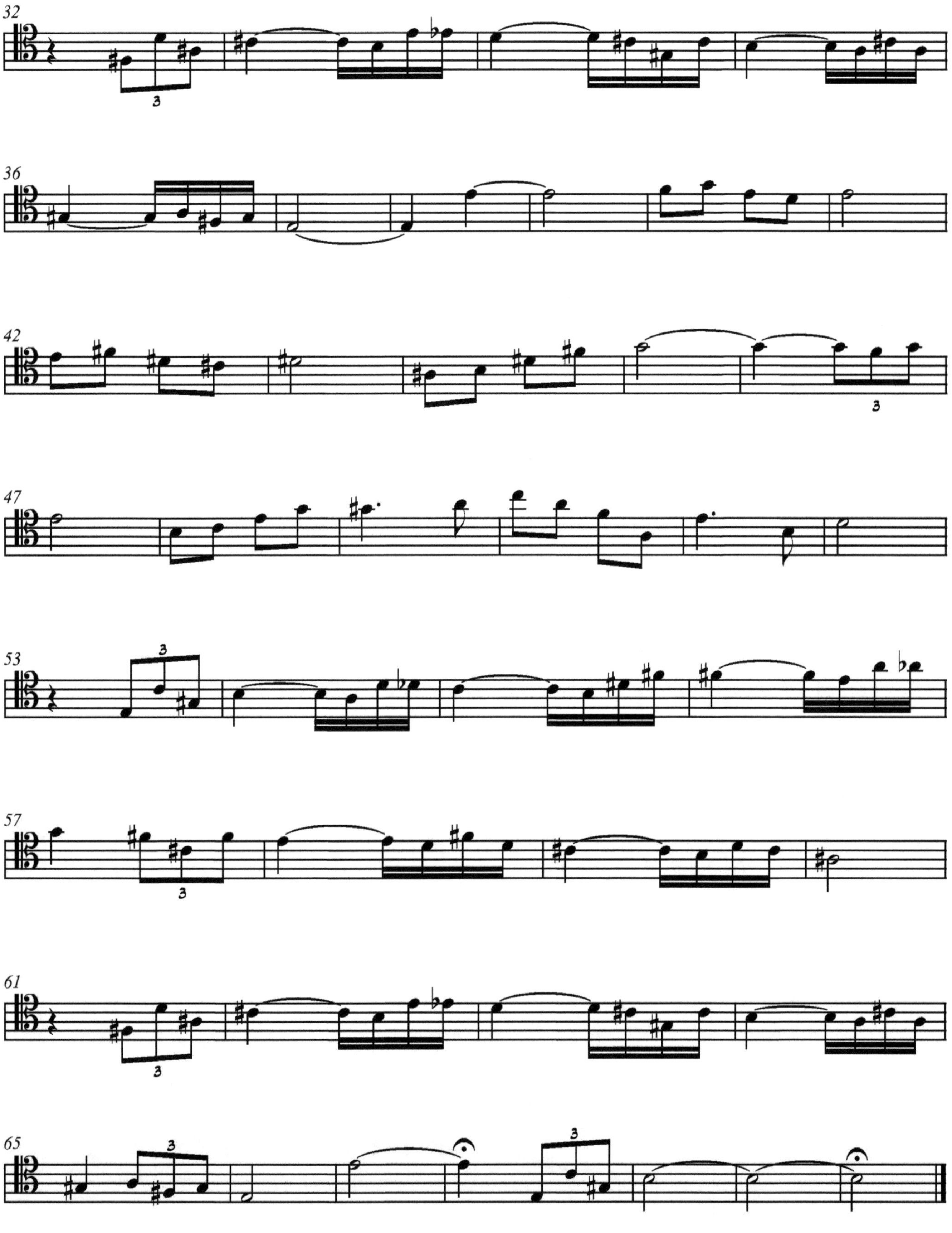
32
3
36
42
3
47
53
3
57
3
61
3
65
3
3

OITAVA VALSA DE ESQUINA
Parte para Violoncelo - *Cello Part*

Francisco Mignone

Copyright © 1941 by MANGIONE, FILHOS E CIA LTDA (100%)

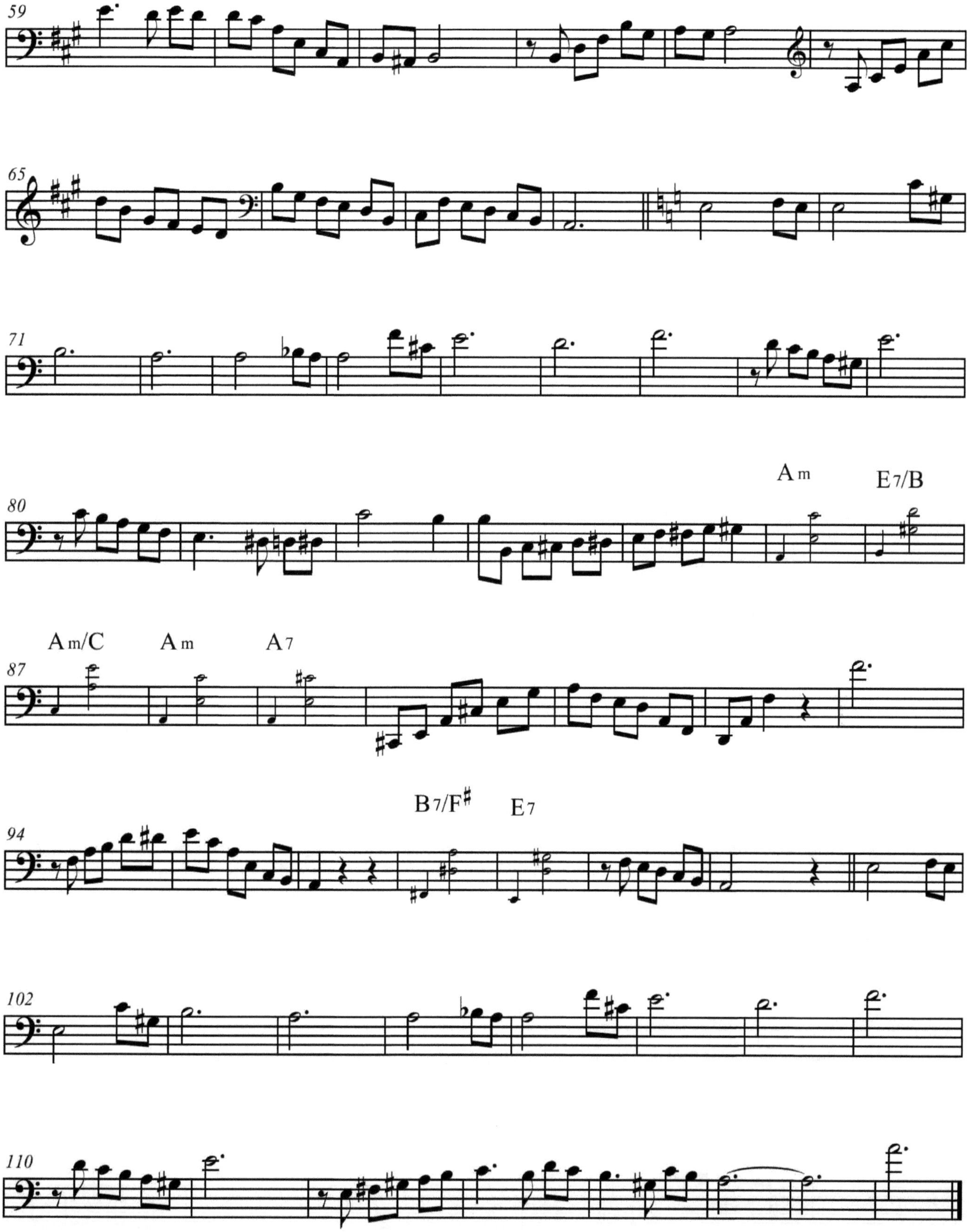
59
65
71
80
Am
E7/B
87
Am/C
Am
A7
94
B7/F♯
E7
102
110

CHICO BORORÓ NO SAMBA
Parte para Violoncelo - *Cello Part*

Gustavo Tavares e Nelson Faria

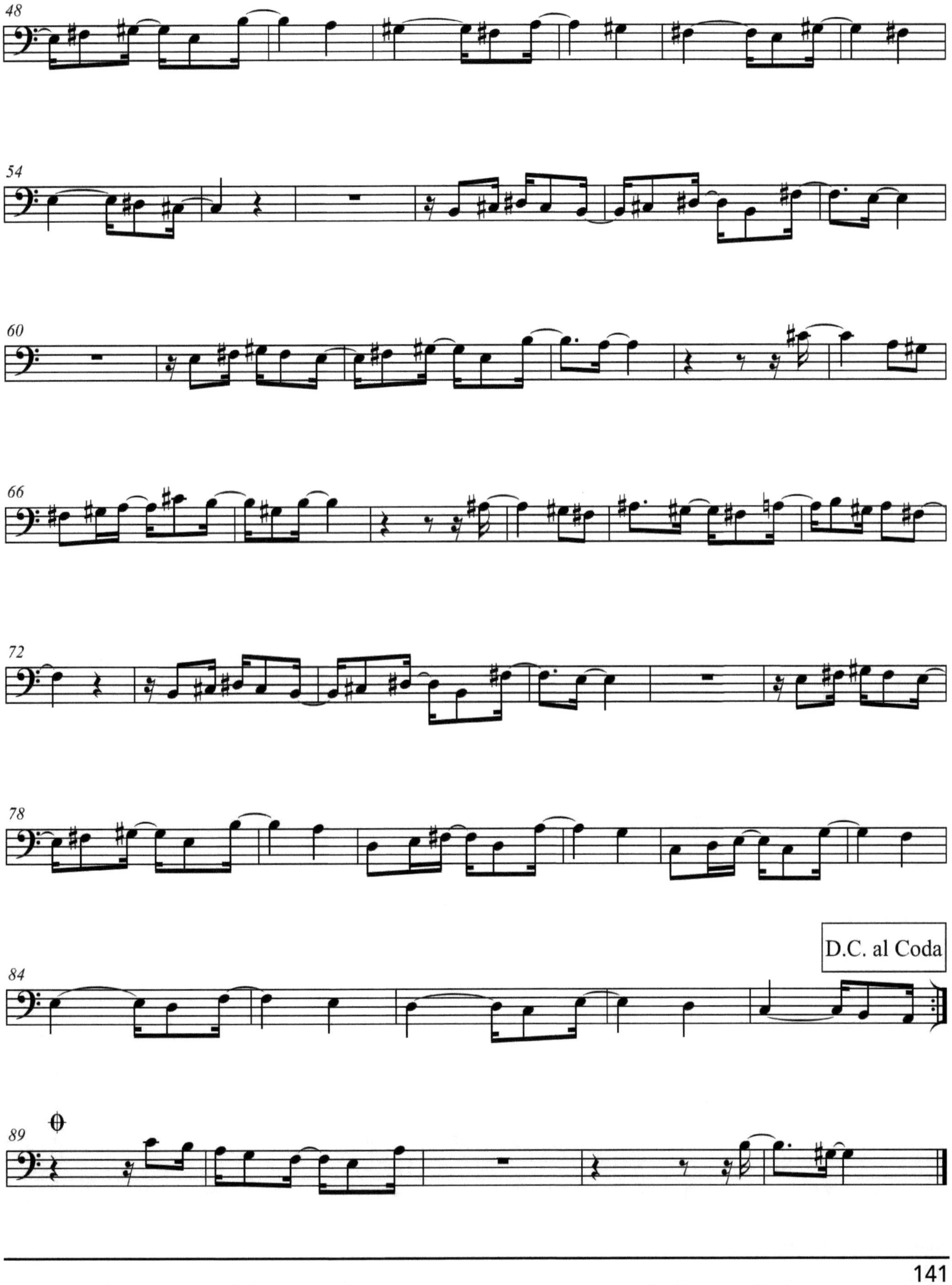
48
54
60
66
72
78
84
D.C. al Coda
89

NA ESQUINA DE MESTRE MIGNONE
Parte para Violoncelo - *Cello Part*

Gustavo Tavares

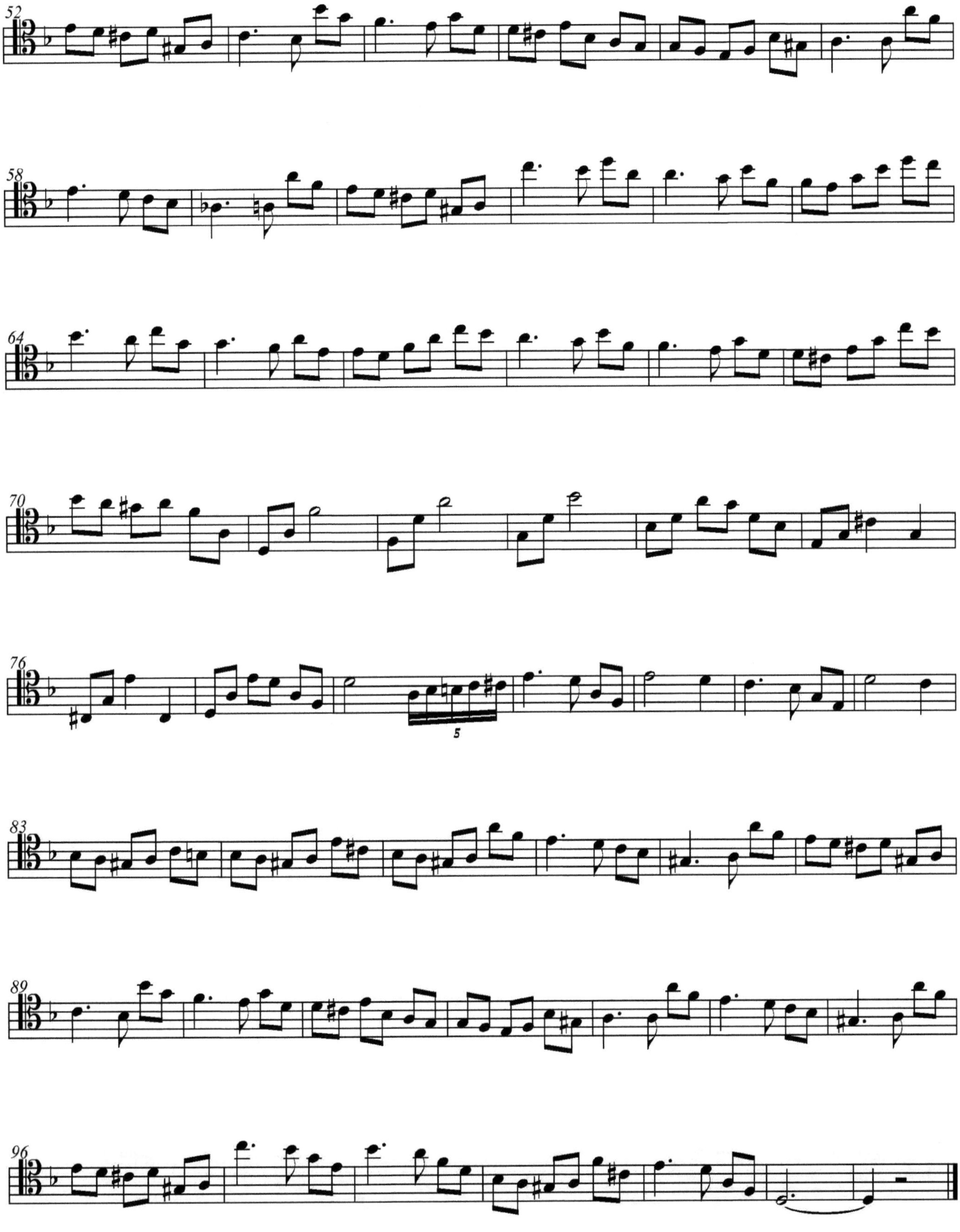
52
58
64
70
76
5
83
89
96

MEXIDINHO
Parte para Violoncelo - *Cello Part*

Nelson Faria

41
46
51
56
Impro.
61
D
Em/D
Em7(♭5)/D
D
Open solo
65
D.C. no rep. al Coda
69

AS ROSAS NÃO FALAM
Parte para Violoncelo - *Cello Part*

Cartola

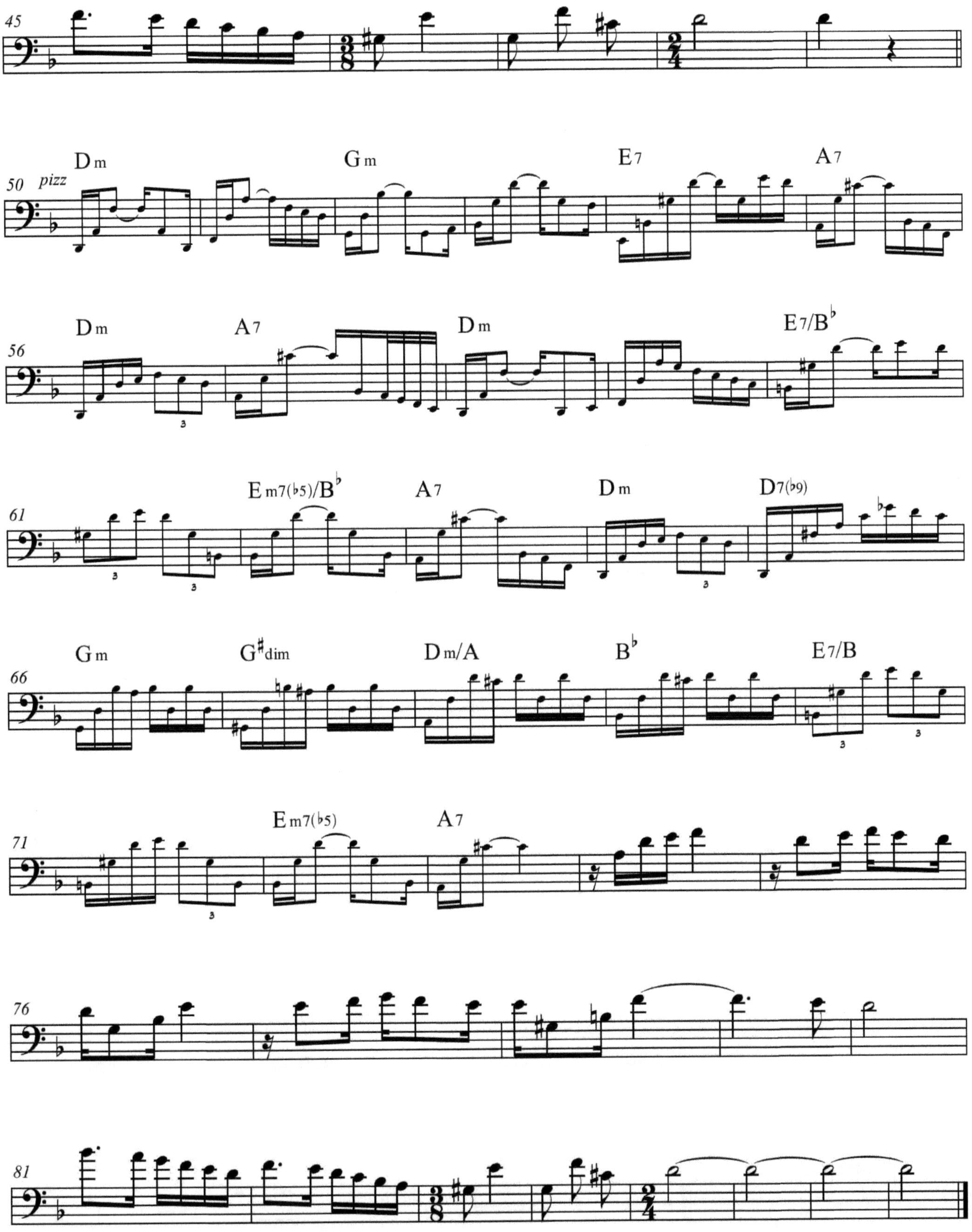
45
50 pizz
Dm
Gm
E7
A7
56
Dm
A7
Dm
E7/B♭
61
Em7(♭5)/B♭
A7
Dm
D7(♭9)
66
Gm
G♯dim
Dm/A
B♭
E7/B
71
Em7(♭5)
A7
76
81

NAQUELE TEMPO
Parte para Violoncelo - *Cello Part*

Pixinguinha e Benedito Lacerda

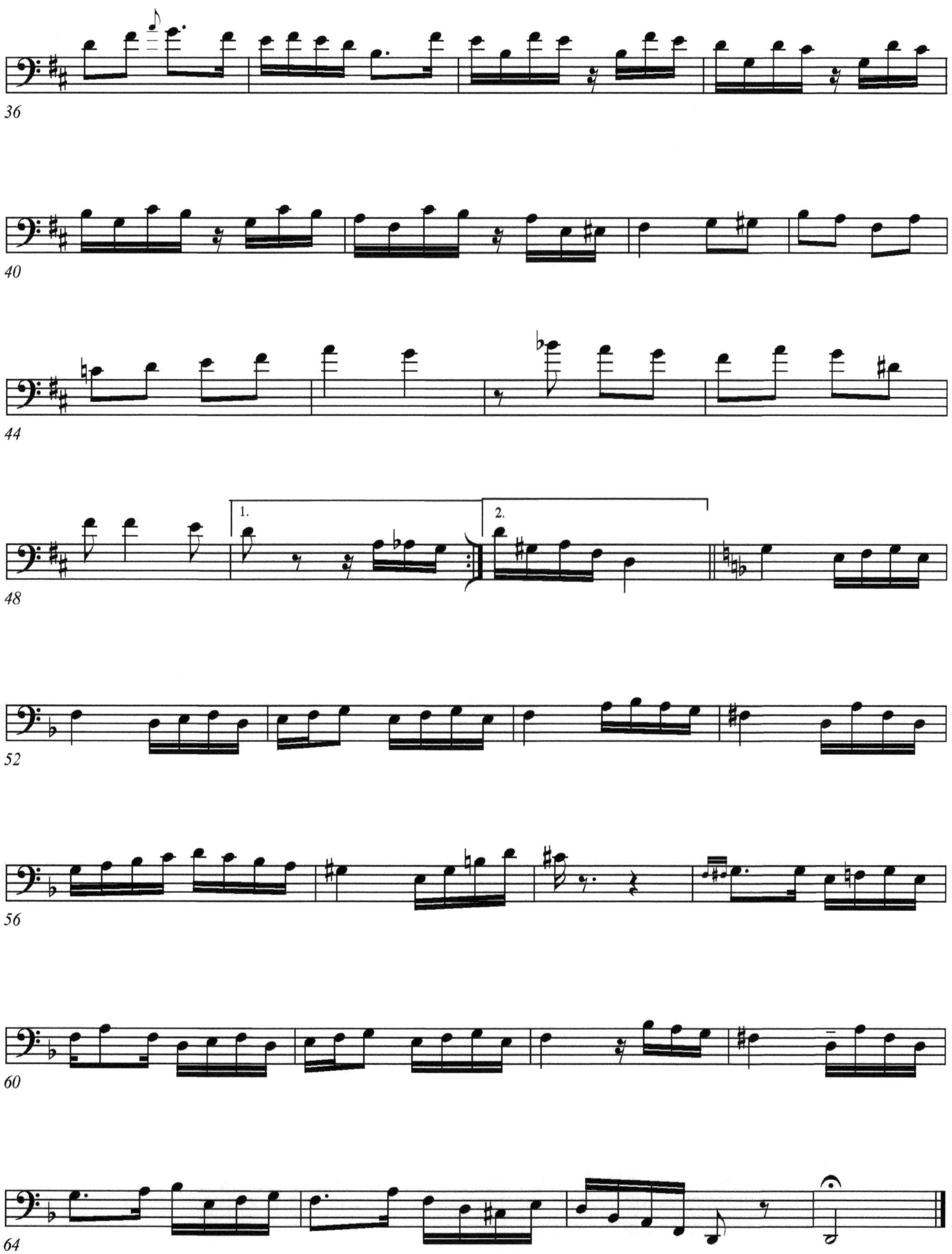
36
40
44
48
1.
2.
52
56
60
64

MELODIA SENTIMENTAL
Parte para Violoncelo - *Cello Part*

H. Villa-Lobos

35
39
4
1.
Am
D m6/A
46
B m7(♭5)
E7(♭9)
Am
Ammaj7
Am7
Am6
F♯m7(♭5)
50
B7
54
E7
Am
Em6
C7(♭5)
B7(♭13)
E7(♭9)
58
(solo)
2.
4

3 PEQUENAS VALSAS ROMÂNTICAS
Parte para Violoncelo - *Cello Part*

Tullio Tavares

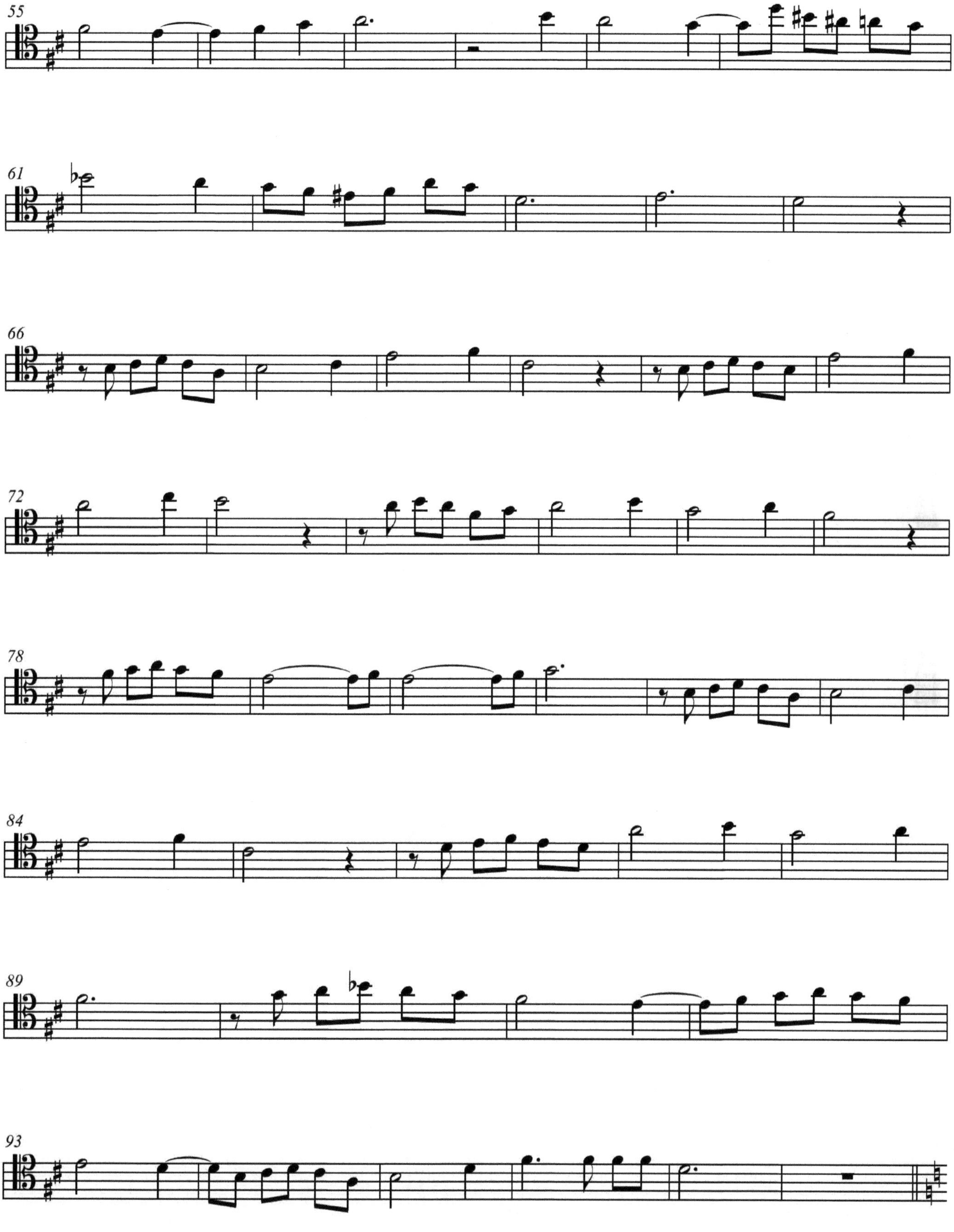
55
61
66
72
78
84
89
93

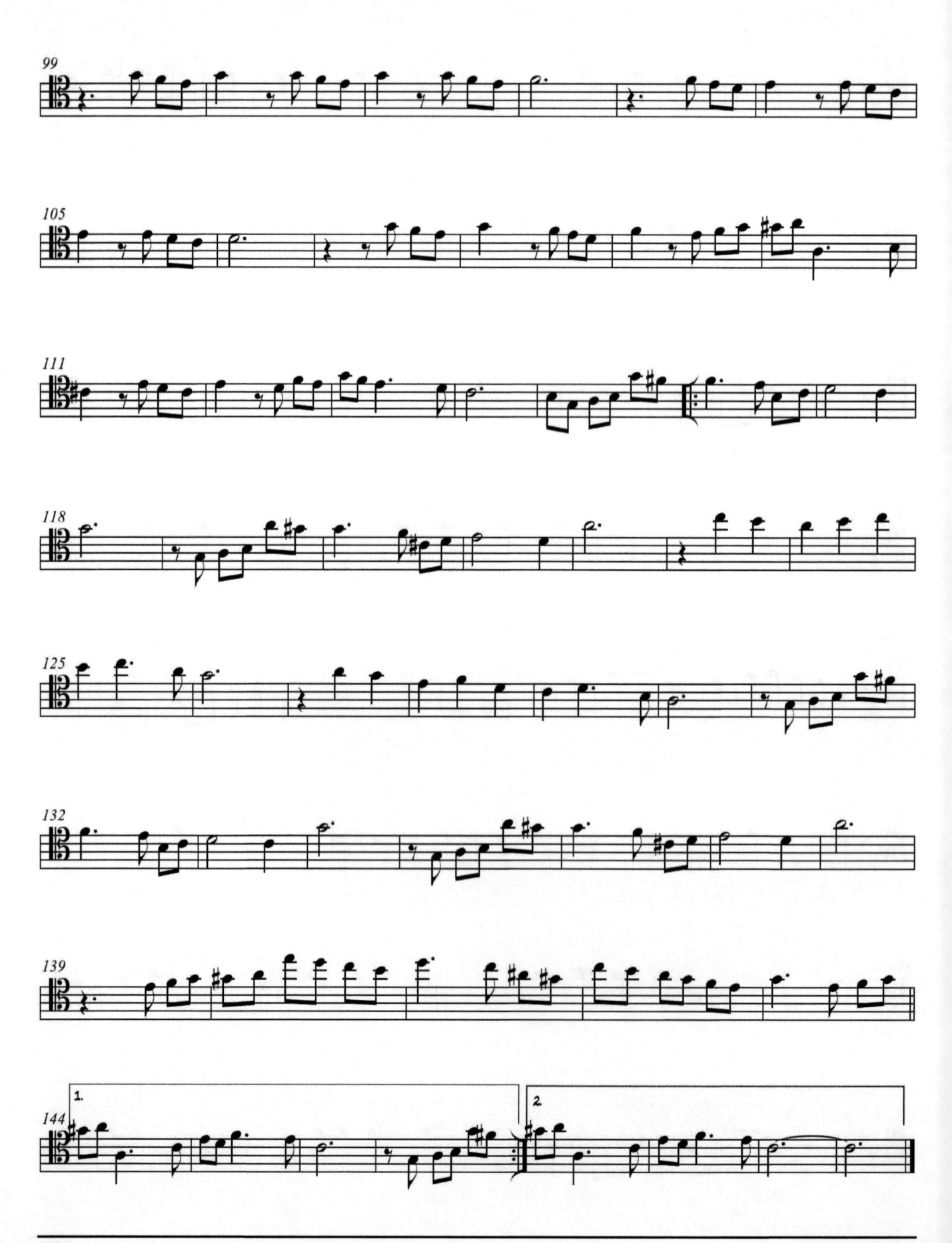
99
105
111
118
125
132
139
144
1.
2.

DOCE DE COCO
Parte para Violoncelo - *Cello Part*

Jacob do Bandolim

51
59
G D7/F# C/E D7/F# G D7/F# Dm/F E7
65
Am Am6 Am7 Am6 Am AmMaj7 Am7 D7/F# G6 F#7(#5)
71
FMaj7 E7(#5) Am E7/B CMaj7 A7/C# E♭7(9) D7(♭9)
77
83
90
D.S. al Coda
G
G D6/F# Em D6/F#
96